개념은 **쉽게** 기능은 **빠르게** 실무활용은 **바로**

회사에서 바로 **통**하는

파워포인트

FOR STARTERS

이화진 지음

왕초보가 시작하는
파워포인트 입문서

모든 버전 사용 가능

2010 2013 2016 2019 2021 Microsoft 365

한빛미디어
Hanbit Media, Inc.

지은이 이화진 (hwajin@kkummolda.com)

삼성물산, 삼성증권, 삼성생명, KT, 포스코, 현대자동차, 농협, 마이크로소프트, 아모레퍼시픽, 유한킴벌리, LG인화원, 한국MSD, 해양경찰청, 국회사무처, 경희대학교, 한국외국어대학교 등에서 프레젠테이션 제작 및 강의를 진행했습니다. 현재 꿈몰다 대표, 나다운스타일연구소 소장, 오피스 튜터 프레젠테이션 강사로 활동하고 있습니다. 저서로는 《회사에서 바로 통하는 엑셀+파워포인트+워드&한글 : 개념은 쉽게, 기능은 빠르게, 실무 활용은 바로》, 《회사에서 바로 통하는 엑셀+파워포인트+워드 2016&한글 NEO&윈도우 10》, 《회사에서 바로 통하는 파워포인트 2016 FOR STARTERS》 등이 있습니다.

회사에서 바로 통하는

파워포인트 FOR STARTERS(개정판) : 왕초보가 시작하는 파워포인트 입문서 – 모든 버전 사용 가능

초판 1쇄 발행 2022년 6월 10일
초판 2쇄 발행 2024년 3월 4일

지은이 이화진 / **펴낸이** 전태호
펴낸곳 한빛미디어(주) / **주소** 서울특별시 서대문구 연희로2길 62 한빛미디어(주) IT출판1부
전화 02-325-5544 / **팩스** 02-336-7124
등록 1999년 6월 24일 제25100-2017-000058호 / **ISBN** 979-11-6224-571-2 13000

총괄 배윤미 / **책임편집** 장용희 / **기획 · 편집** 박동민 / **진행** 진명규
디자인 박정화 / **전산편집** 오정화
영업 김형진, 장경환, 조유미 / **마케팅** 박상용, 한종진, 이행은, 김선아, 고광일, 성화정, 김한솔 / **제작** 박성우, 김정우

이 책에 대한 의견이나 오탈자 및 잘못된 내용에 대한 수정 정보는 한빛미디어(주)의 홈페이지나 아래 이메일로 알려주십시오.
잘못된 책은 구입하신 서점에서 교환해 드립니다. 책값은 뒤표지에 표시되어 있습니다.

한빛미디어 홈페이지 www.hanbit.co.kr / 이메일 ask@hanbit.co.kr / 자료실 www.hanbit.co.kr/src/10571

지금 하지 않으면 할 수 없는 일이 있습니다.
책으로 펴내고 싶은 아이디어나 원고를 메일(writer@hanbit.co.kr)로 보내주세요.
한빛미디어(주)는 여러분의 소중한 경험과 지식을 기다리고 있습니다.

파워포인트, 프레젠테이션 디자인의 조연이 되어라

파워포인트는 프레젠테이션 디자인을 위한 도구 중 하나입니다. 즉, 조연입니다. 그러나 많은 사람들이 파워포인트를 사용하여 프레젠테이션 디자인을 화려하게 만듭니다. 마치 주연처럼 사용하려고 합니다. 조연은 주연을 빛나도록 도와주는 역할을 했을 때 가장 아름답습니다.

파워포인트를 목적에 맞게 사용하라

파워포인트로 포토샵과 일러스트레이터처럼 화려한 그래픽을 표현할 필요는 없습니다. 파워포인트로 화려한 그래픽을 표현하려면 시간이 많이 걸리고 힘도 많이 듭니다. 안타까운 사실은 많은 파워포인트 사용자들이 파워포인트를 전문 그래픽 프로그램이나 영상 편집 프로그램처럼 사용하느라 시간을 낭비한다는 것입니다. 파워포인트는 슬라이드를 예쁘게 만드는 것이 아니라 메시지를 잘 보이게 만드는 것이 목적입니다. 목적에 맞게만 사용하면 됩니다.

파워포인트에 너무 많은 시간을 투자하지 말아라

프레젠테이션을 준비하는 과정에서 파워포인트 사용 시간을 최소한으로 줄일 수 있습니다. 파워포인트의 기능을 잘 알고 효과적으로 사용하면 가능합니다. 파워포인트는 슬라이드 디자인을 빠르고 쉽게 할 수 있는 최적의 도구입니다. 많은 기능을 알기보다는 꼭 필요한 기능만 제대로 익혀서 사용하기를 권합니다. 이 책을 통해 파워포인트의 핵심기능을 마스터하면 회사에서 바로 통하는 프레젠테이션 디자인을 해낼 수 있습니다. 지금 바로 도전해보기 바랍니다.

감사, 감사, 감사……

먼저 책이 나올 수 있게 힘써주신 한빛미디어 IT활용서팀에게 감사, 내 책의 가장 애독자이며 아낌없는 응원을 해주는 아들 지인이에게 감사, 그리고 이 책을 읽고 치열한 프레젠테이션 현장에서 활용할 독자분들께 감사드립니다.

2022년 6월
이화진

파워포인트 왕초보를 위한 이 책의 네 가지 특징

이 책으로 파워포인트를 배워야 하는 네 가지 이유!
파워포인트 입문자에게 특화된 콘텐츠로 왕초보도 파워포인트 공부를 시작할 수 있습니다.

01 파워포인트를 전혀 몰라도 따라 할 수 있다!

파워포인트의 기본 화면 구성부터 PPT 제작, 발표까지 한 권으로 배울 수 있습니다.
핵심기능의 상세한 따라 하기로 기초부터 빠르고 탄탄하게 익힐 수 있도록 안내합니다.

02 모든 버전에서 완벽하게 학습한다!

파워포인트의 모든 버전에서 학습할 수 있도록 구성했습니다.
파워포인트 2010, 2013, 2016, 2019, 2021, Microsoft 365 등에서 핵심기능을 완벽하게
익힐 수 있습니다.

03 혼자해보기로 복습해 실력을 탄탄히 기른다!

핵심기능에서 배운 내용을 다양한 실습 예제로 복습하며 활용할 수 있습니다.
실무형 예제를 통해 핵심기능을 실제 업무에서 활용하는 방법을 자연스럽게 익힙니다.

04 어려운 내용은 동영상 강의를 활용한다!

저자의 설명을 직접 들으며 핵심기능을 학습할 수 있습니다.
유튜브에 '파워포인트티처'를 검색하거나 QR코드를 스캔합니다.

필수 핵심기능으로 파워포인트를 쉽고 빠르게 시작하자!

슬라이드 제작부터 PPT 발표까지 빠르고 탄탄하게 학습한다!
파워포인트를 잘 다루려면 반드시 알아야 하는 핵심적인 기능만 쏙쏙 뽑았습니다!

사용 가능 버전

학습할 수 있는 파워포인트 버전을 한눈에 확인할 수 있습니다.

핵심기능

파워포인트를 다룰 때 반드시 알아야 할 기본 기능과 활용 방법을 소개합니다. 핵심기능을 따라 하면서 기본 기능을 충실히 익힐 수 있습니다.

실습 파일&완성 파일

따라 하기에 필요한 실습 파일과 결과를 비교해 볼 수 있는 완성 파일을 제공합니다.

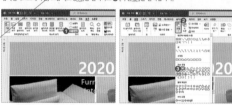

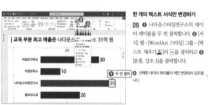

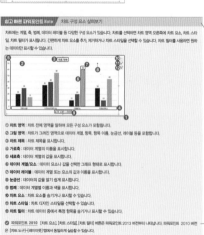

실행 결과 보기

단계별 따라 하기 완료 후 확인할 수 있는 실행 결과 및 주요 변화를 한 번 더 설명합니다.

쉽고 빠른 PPT NOTE

파워포인트를 다루는 데 필요한 유용한 정보, 알아두면 좋을 참고 사항 등을 상세히 소개합니다.

버전별 TIP

파워포인트 2010~2021 모든 버전에서 학습할 수 있도록 버전별로 차이가 나는 내용을 상세하게 설명했습니다.

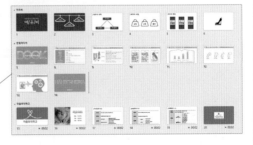

인덱스&우선순위 표시

우선순위 및 파워포인트 주요 기능, 실무 활용 등 현재 학습하고 있는 지점이 어디인지 바로 확인할 수 있습니다.

바로 통하는 TIP

학습 중 헷갈리기 쉬운 부분을 정리합니다.

따라 하기 단계별 제목

핵심기능의 따라하기 과정을 단계별 제목으로 표시하여 작업 내용과 순서를 한눈에 파악할 수 있습니다.

혼자해보기

실무에서 가장 빈번하게 사용하는 예제를 선별해 핵심기능과 연계하여 학습할 수 있도록 수록했습니다.

예제 설명 및 완성 화면

어떤 실무 예제를 다루고 있는지 설명합니다. 실습 전에 완성 화면을 미리 확인할 수 있습니다.

회사에서 바로 통하는 실습 예제 다운로드하기

이 책에 사용된 모든 실습 및 완성 예제 파일은 한빛출판네트워크 홈페이지(www.hanbit.co.kr)에서 다운로드할 수 있습니다. 예제 파일은 따라 하기를 진행할 때마다 사용되므로 컴퓨터에 복사해두고 활용합니다.

1 한빛출판네트워크 홈페이지(www.hanbit.co.kr)로 접속합니다. 로그인 후 화면 오른쪽 아래에서 [자료실]을 클릭합니다.

2 자료실 도서 검색란에 도서명을 입력하고 를 클릭합니다. 검색한 도서가 표시되면 오른쪽에 있는 [예제소스]를 클릭합니다.

3 선택한 도서 정보가 표시되면 [다운로드]를 클릭합니다.

다운로드한 예제 파일은 일반적으로 [다운로드] 폴더에 저장되며, 사용하는 웹 브라우저 설정에 따라 다를 수 있습니다.

CHAPTER 01
기본 프레젠테이션 만들기

───── **CHAPTER 02** ─────

프레젠테이션 슬라이드 배경 서식 만들기

───── **CHAPTER 03** ─────

프레젠테이션 내용 작성 및 서식 지정하기

CHAPTER 04
프레젠테이션 시각화 및 서식 지정하기

CHAPTER 05

멀티미디어 삽입하고 서식 지정하기

CHAPTER 06

프레젠테이션 슬라이드 정리 및 저장하기

CHAPTER 07

프레젠테이션 발표 준비 및 발표하기

목차

CHAPTER

01

기본
프레젠테이션
만들기

파워포인트의 기본을 다루는 CHAPTER입니다. 파워포인트의 화면 구성
을 살펴보고 효율적으로 작업하는 데 필요한 도구 모음과 메뉴를 구성
합니다. 슬라이드를 추가, 삭제, 복사, 이동하는 등 자유롭게 다룰 수 있
습니다. 한 번 클릭으로 텍스트, 도형, 표, 차트의 디자인을 끝내는 방법
과 문서를 열고 저장하는 방법도 알아봅니다. 파워포인트의 기본을 충실
하게 다질 수 있습니다.

들어가기

00 파워포인트의 화면 구성 살펴보기

기본 화면 구성

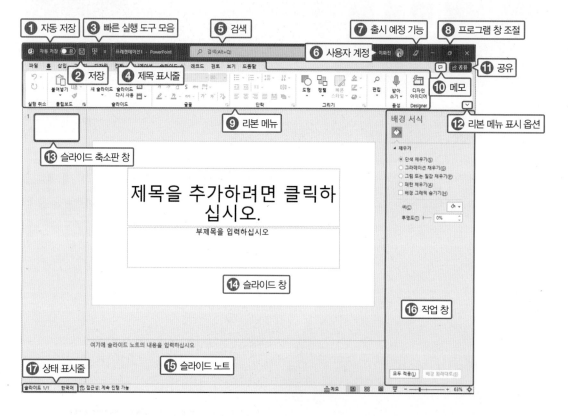

① **자동 저장** : Microsoft 365 버전부터 사용할 수 있으며, 작업 중인 파일을 몇 초마다 자동으로 저장합니다. OneDrive, 비즈니스용 OneDrive 또는 SharePoint Online에 파일을 저장할 때 자동 저장이 기본적으로 활성화됩니다.

② **저장** : 클릭하여 작업한 내용을 현재 프레젠테이션에 저장합니다. 최초로 저장할 때는 위치를 지정합니다.

③ **빠른 실행 도구 모음** : 자주 사용하는 명령을 모아놓은 곳입니다. 필요에 따라 추가 또는 삭제할 수 있습니다. 리본 메뉴 아래에 빠른 실행 도구 모음을 표시하여 명령 레이블로 작업할 수 있습니다.

❹ **제목 표시줄** : 프로그램 이름과 현재 편집 중인 문서의 이름이 나타납니다.

❺ **검색** : 텍스트나 명령, 도움말 등 원하는 내용을 신속하게 찾을 수 있습니다.

❻ **사용자 계정** : Microsoft에 로그인한 사용자의 이름과 프로필 사진이 보입니다. 내 계정을 관리하거나 다른 계정으로 전환이 가능합니다.

❼ **출시 예정 기능** : 새 업데이트가 모든 사용자에게 공개되기 전에 신기능을 먼저 테스트하고 의견을 전달할 수 있습니다.

❽ **프로그램 창 조절** : 파워포인트 창을 최소화/최대화하거나 닫을 때 사용합니다.

❾ **리본 메뉴** : 슬라이드를 작성할 때 필요한 각종 명령을 기능별로 구분해서 탭 형태로 표시합니다. 탭을 열어 필요한 명령 버튼을 클릭하여 실행합니다. 사용자는 리본에 탭과 명령 버튼을 삭제, 추가, 이동할 수 있으며 변경된 상태를 저장할 수도 있습니다.

❿ **메모** : 문서에 대한 메모를 보거나 [새로 만들기]를 클릭하여 원하는 메모를 추가합니다.

⓫ **공유** : 프레젠테이션을 클라우드에 저장한 후 다른 사용자에게 공유합니다.

⓬ **리본 메뉴 표시 옵션** : 리본 메뉴 표시 방법을 전환하고 빠른 실행 도구 모음을 숨기거나 표시할 수 있습니다. 화면이 작아 불편한 경우 리본 메뉴를 축소하여 탭만 표시할 수 있습니다.

⓭ **슬라이드 축소판 창** : 열려 있는 파워포인트 파일의 각 슬라이드가 작은 그림으로 나타납니다.

⓮ **슬라이드 창** : 슬라이드를 편집하는 작업 영역입니다. 도형, 텍스트, 이미지, 차트, 표 등의 개체를 삽입하고 편집합니다.

⓯ **슬라이드 노트** : 발표할 내용을 입력합니다. 슬라이드를 인쇄할 때 [인쇄 모양]을 [슬라이드 노트]로 선택하면 슬라이드와 슬라이드 노트가 함께 인쇄됩니다. 리허설이나 발표에 유용하게 사용할 수 있습니다.

⓰ **작업 창** : [도형 서식], [그림 서식], [차트 서식] 작업 창 등에서 선택한 개체의 세부 서식을 세밀하게 조정할 수 있습니다. 작업 창은 기본적으로 나타나지는 않고 리본 메뉴나 슬라이드의 개체를 통해 표시합니다.

⓱ **상태 표시줄** : 슬라이드 번호, 맞춤법 검사, 입력 언어, 접근성 검사를 표시해줍니다.

상태 표시 및 화면 보기

❶ **메모** : 클릭하면 슬라이드 창 아래에 슬라이드 노트 창을 표시합니다. 감추려면 [메모]를 다시 클릭합니다.

❷ **화면 보기** : [기본], [여러 슬라이드], [읽기용 보기], [슬라이드 쇼]를 통해 원하는 대로 화면 보기를 변경하여 작업할 수 있습니다.

❸ **확대/축소 슬라이드** : ─를 클릭하면 화면이 축소되고, ＋를 클릭하면 화면이 확대됩니다. 조절바를 드래그하거나 배율을 직접 입력하여 조정할 수도 있습니다.

❹ **현재 창 크기에 맞춤** : 슬라이드 크기를 현재 창 크기에 최대한 맞춥니다.

빠른 실행 도구 모음에 [터치/마우스 모드]를 추가한 후 [터치]를 클릭하면 터치 제스처를 통해 슬라이드를 살짝 밀고, 누르고, 스크롤하고, 확대/축소하며 프레젠테이션을 실감나게 진행할 수 있습니다. 터치 사용에 최적화되도록 명령 사이의 간격이 넓어집니다.

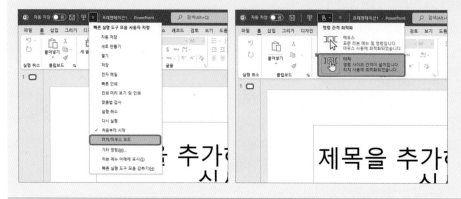

파워포인트 빠르게 시작하기

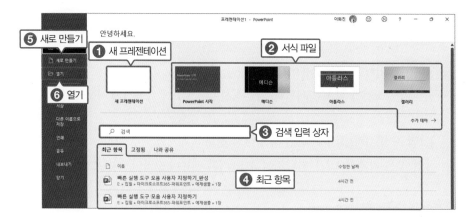

① **새 프레젠테이션** : 흰색 배경의 새 프레젠테이션을 만들려면 선택합니다.

② **서식 파일** : 파워포인트에서 기본으로 제공되는 서식 파일 중 하나를 선택할 수 있습니다. [추가 테마]를 클릭하면 다양한 서식 파일을 선택할 수 있습니다.

③ **검색 입력 상자** : 최근에 작업한 파워포인트 파일명을 입력하면 빠르게 찾아서 실행할 수 있습니다.

④ **최근 항목** : 최근에 사용한 프레젠테이션 목록에서 작업할 문서를 선택하여 빠르게 실행할 수 있습니다. [추가 프레젠테이션]을 클릭하면 더 많은 항목을 확인할 수 있습니다.

⑤ **새로 만들기** : 새 프레젠테이션과 제공되는 다양한 서식 파일 중 하나를 선택하여 만들 수 있습니다. 마음에 드는 서식이 없다면 [추가 테마]를 클릭하고 [온라인 서식 파일 및 테마 검색]에 원하는 서식 이름을 입력한 후 서식을 선택하여 사용합니다.

⑥ **열기** : 최근에 연 파일 목록이 표시되고 일반적으로 파일을 저장하는 위치의 링크가 포함됩니다. 저장된 모든 프레젠테이션 파일을 찾아서 열 수 있습니다.

① 컴퓨터 바탕 화면에서 [시작]을 클릭하고 ② [PowerPoint]를 바탕 화면으로 드래그합니다. 바탕화면에 [PowerPoint] 바로 가기 아이콘이 만들어집니다. [PowerPoint] 바로 가기 아이콘을 더블클릭하면 파워포인트가 실행됩니다.

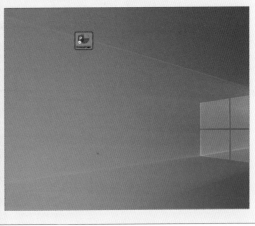

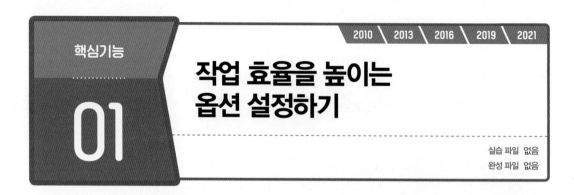

핵심기능

01

2010 \ 2013 \ 2016 \ 2019 \ 2021

작업 효율을 높이는 옵션 설정하기

실습 파일 없음
완성 파일 없음

1 [PowerPoint 옵션] 대화상자 열기

❶ [파일] 탭을 클릭하고 ❷ [옵션]을 클릭합니다. [PowerPoint 옵션] 대화상자가 나타납니다.

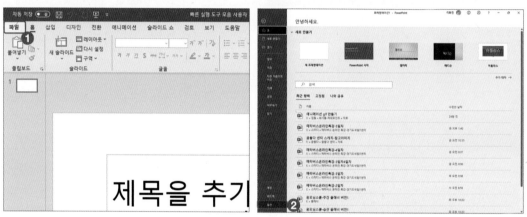

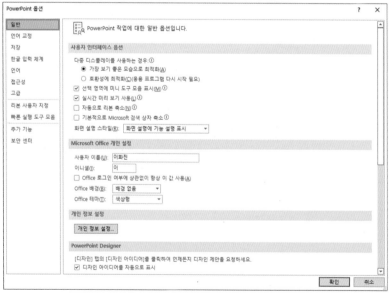

2 PowerPoint Designer의 자동 제안 끄기

슬라이드에 이미지를 추가하면 PowerPoint Designer가 자동으로 디자인 레이아웃을 제안합니다. 그러나 사용자가 정해놓은 디자인이 있다면 자동 제안은 불필요합니다. 디자인 레이아웃을 제공받지 않도록 설정해보겠습니다.

▲ PowerPoint Designer의 자동 제안 설정 적용

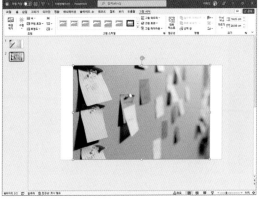
▲ PowerPoint Designer의 자동 제안 설정 해제

❶ ❶을 참고하여 [PowerPoint 옵션] 대화상자를 열고 [일반]을 클릭합니다. ❷ [PowerPoint Designer]-[디자인 아이디어를 자동으로 표시]의 체크를 해제한 후 ❸ [확인]을 클릭합니다. 슬라이드에 개체를 삽입하면 자동으로 나타나던 [디자인 아이디어] 작업 창이 나타나지 않습니다.

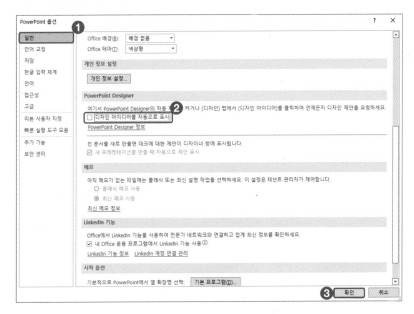

3 새 프레젠테이션(빈 화면)으로 시작하기

파워포인트를 실행할 때 테마 선택 화면이 나타나지 않고 바로 빈 화면이 나타나도록 설정해보겠습니다.

▲ 테마 선택 화면으로 시작

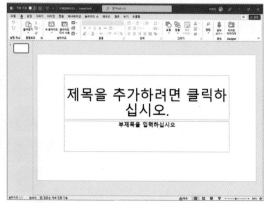

▲ 새 프레젠테이션으로 시작

❶❶을 참고하여 [PowerPoint 옵션] 대화상자를 열고 [일반]을 클릭합니다. ❷ [시작 옵션]–[이 응용 프로그램을 시작할 때 시작 화면 표시]의 체크를 해제한 후 ❸ [확인]을 클릭합니다. 파워포인트를 다시 실행해보면 테마 선택 화면이 나타나지 않고 곧바로 새 프레젠테이션의 빈 화면이 나타납니다.

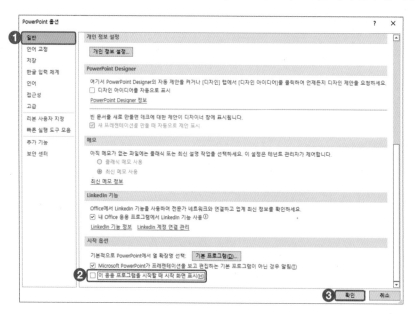

4 맞춤법 검사 해제하기

파워포인트 작업 중에 맞춤법 검사가 자동으로 실행되면 프로그램 속도가 느려집니다. 맞춤법 검사는 슬라이드 작업이 끝난 후 내용을 검수할 때 진행하는 것이 좋습니다. 자동으로 설정된 맞춤법 검사를 해제해보겠습니다.

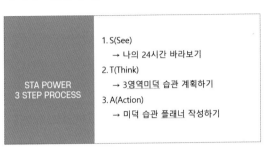

▲ 맞춤법 검사 설정 적용

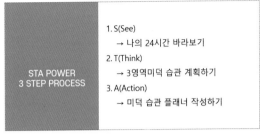

▲ 맞춤법 검사 설정 해제

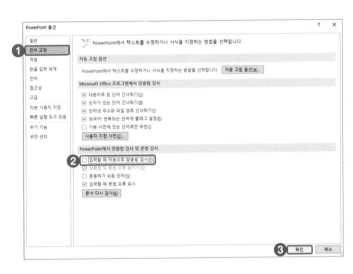

❶ **1**을 참고하여 [PowerPoint 옵션] 대화상자를 열고 [언어 교정]을 클릭합니다. ❷ [PowerPoint에서 맞춤법 검사 및 문법 검사]–[입력할 때 자동으로 맞춤법 검사]의 체크를 해제한 후 ❸ [확인]을 클릭합니다.

➕ 자동으로 표시되던 빨간색 밑줄이 표시되지 않습니다.

5 하이퍼링크 설정 해제하기

파워포인트 작업 중에 홈페이지 주소를 입력하면 자동으로 밑줄이 표시됩니다. 원하지 않은 경우에도 하이퍼링크가 자동으로 생성되므로 하이퍼링크 설정을 해제해보겠습니다.

▲ 하이퍼링크 설정 적용

▲ 하이퍼링크 설정 해제

❶❶을 참고하여 [PowerPoint 옵션] 대화상자를 열고 [언어 교정]을 클릭합니다. ❷ [자동 고침 옵션]–[자동 고침 옵션]을 클릭합니다. ❸ [자동 고침] 대화상자에서 [입력할 때 자동 서식] 탭을 클릭하고 ❹ [인터넷과 네트워크 경로를 하이퍼링크로 설정]의 체크를 해제한 후 ❺ [확인]을 클릭합니다. ❻ [PowerPoint 옵션] 대화상자에서 [확인]을 클릭합니다. 파워포인트 작업 중에 홈페이지 주소를 입력해도 하이퍼링크가 자동 설정되지 않습니다.

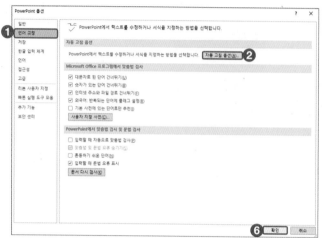
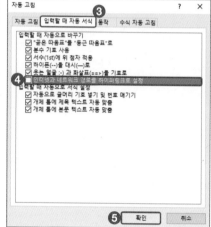

6 한/영 자동 고침 해제하기

텍스트를 입력할 때 사용자가 원하지 않아도 영어가 한글로, 한글이 영어로 고쳐지는 경우가 있습니다. 이 문제를 해결해보겠습니다. ❶❶을 참고하여 [PowerPoint 옵션] 대화상자를 열고 [언어 교정]을 클릭합니다. ❷ [자동 고침 옵션]을 클릭합니다. ❸ [자동 고침] 대화상자에서 [자동 고침] 탭–[한/영 자동 고침]의 체크를 해제한 후 ❹ [확인]을 클릭합니다. ❺ [PowerPoint 옵션] 대화상자에서 [확인]을 클릭합니다.

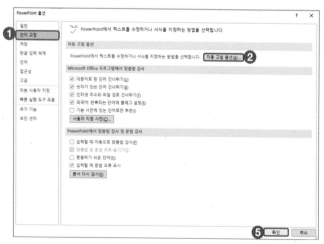
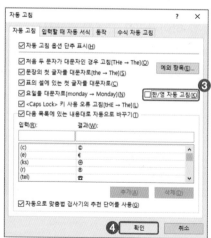

7 자동 복구 정보 저장 간격 설정하기

중요한 문서를 작업할 때는 자주 백업하여 파일 손상에 대비하는 것이 좋습니다. 파워포인트에서는 기본적으로 자동 복구 정보가 10분 간격으로 저장되도록 설정되어 있으며, 1분부터 120분까지 조정할 수 있습니다. [자동 저장 시간 간격]을 설정해 보겠습니다. ❶ ☝을 참고하여 [PowerPoint 옵션] 대화상자를 열고 [저장]을 클릭합니다. ❷ [자동 복구 저장 정보 간격]에 체크한 후 ❸ [5분]으로 설정합니다. ❹ [확인]을 클릭합니다.

8 파일에 글꼴 포함하여 저장하기

문서를 저장할 때 글꼴을 포함하여 저장하면 다른 환경에서 문서를 열었을 때 글꼴이 깨지는 현상을 방지할 수 있습니다. 단, 글꼴을 포함하여 저장하면 파일의 용량이 늘어납니다. ❶ ☝을 참고하여 [PowerPoint 옵션] 대화상자를 열고 [저장]을 클릭합니다. ❷ [파일의 글꼴 포함]에 체크합니다. ❸ [프레젠테이션에 사용되는 문자만 포함(파일 크기를 줄여줌)]을 클릭한 후 ❹ [확인]을 클릭합니다.

바로 통 하는 TIP 글꼴 저장 옵션 알아보기

• **프레젠테이션에 사용되는 문자만 포함(파일 크기를 줄여줌)** : 해당 문서에서 사용하지 않은 글꼴을 입력하면 문자가 깨져서 나타납니다.

• **모든 문자 포함(다른 사람이 편집할 경우 선택)** : 해당 문서에서 사용하지 않은 글꼴을 입력해도 문자가 깨지지 않아 자유롭게 입력할 수 있습니다. 단, 파일의 용량이 커집니다.

9 실행 취소 최대 횟수 조정하기

파워포인트 작업 중에 단축키 Ctrl+Z를 누르면 작업 취소 기능이 실행됩니다. 파워포인트에서 작업을 취소할 수 있는 최대 횟수는 기본 20회로 설정되어 있고 3회부터150회까지 조정할 수 있습니다. 실행 취소 최대 횟수를 100회로 늘려보겠습니다. ❶ 📘을 참고하여 [PowerPoint 옵션] 대화상자를 열고 [고급]을 클릭합니다. ❷ [편집 옵션]-[실행 취소 최대 횟수]에 **100**을 입력한 후 ❸ [확인]을 클릭합니다.

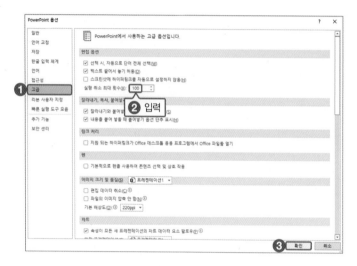

10 고품질 인쇄 설정하기

슬라이드에서 투명 효과를 적용한 개체가 인쇄물에 잘 나타나지 않을 때는 인쇄를 고품질로 설정하여 더욱 선명하게 인쇄합니다. ❶ 📘을 참고하여 [PowerPoint 옵션] 대화상자를 열고 [고급]을 클릭합니다. ❷ [인쇄]-[고품질]에 체크한 후 ❸ [확인]을 클릭합니다.

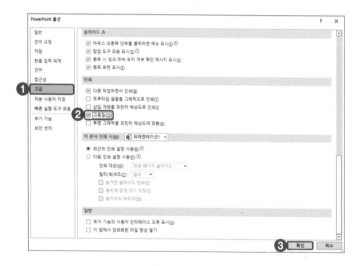

2010 \ 2013 \ 2016 \ 2019 \ 2021

우선
순위

혼자
해보기

프레젠
테이션
기본

슬라
이드
배경
서식

내용
작성
&
서식

시각화
&
멀티
미디어

슬라
이드
정리
&
저장

발표
준비
&
발표

핵심기능

02

빠른 실행 도구 모음
사용자 지정하기

실습 파일 1장\빠른 실행 도구 모음 사용자 지정하기.pptx
완성 파일 1장\빠른 실행 도구 모음 사용자 지정하기_완성.pptx

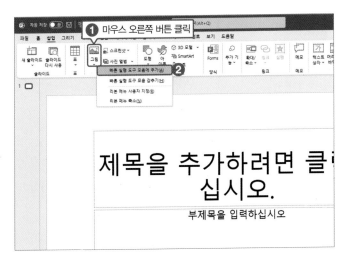

빠른 실행 도구 모음에 [그림 삽입]
기능 추가하기

01 ❶ [삽입] 탭-[이미지] 그룹-
[그림🖼]을 마우스 오른쪽 버튼으로
클릭합니다. ❷ [빠른 실행 도구 모
음에 추가]를 클릭합니다.

➕ 빠른 실행 도구 모음에 [그림 삽입] 명령이 추
가됩니다.

빠른 실행 도구 모음의 [그림 삽입]
기능 삭제하기

02 ❶ 빠른 실행 도구 모음에서 삭
제하려는 [그림 삽입🖼]을 마우스
오른쪽 버튼으로 클릭합니다. ❷ [빠
른 실행 도구 모음에서 제거]를 클릭
합니다.

➕ 빠른 실행 도구 모음에서 [그림 삽입🖼]이 제
거됩니다.

✔ **파워포인트 2021** 빠른 실행 도구 모음에 기본적으로 있었던 [실행 취소🔄], [다시 실행🔄] 기능이 파워포인트
2021 버전부터는 리본 메뉴의 [홈] 탭 가장 왼쪽으로 위치가 변경되었습니다.

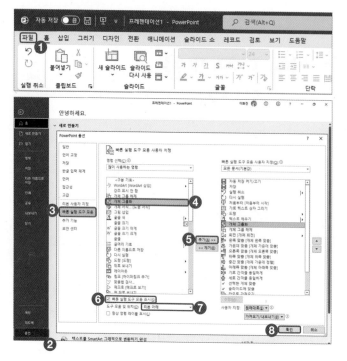

한번에 여러 명령 추가하기

03 ❶ [파일] 탭을 클릭하고 ❷ [옵션]을 클릭합니다. ❸ [PowerPoint 옵션] 대화상자가 나타나면 [빠른 실행 도구 모음]을 클릭합니다. ❹ [명령 선택]에서 추가하고자 하는 명령을 클릭한 후 ❺ [추가]를 클릭하면 [빠른 실행 도구 모음 사용자 지정]에 명령이 추가됩니다. ❻ [빠른 실행 도구 모음 표시]에 체크합니다. ❼ [도구 모음 및 위치]를 [리본 아래]로 선택합니다. ❽ 명령을 모두 추가한 후 [확인]을 클릭합니다.

04 빠른 실행 도구 모음에 여러 명령이 한번에 추가되고 리본 메뉴 아래에 표시됩니다. 빠른 실행 도구 모음을 리본 메뉴 아래에 표시하면 슬라이드 화면과 빠른 실행 도구 모음 사이의 거리가 가까워 명령을 빠르게 실행할 수 있습니다.

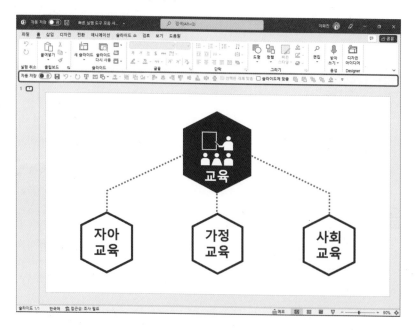

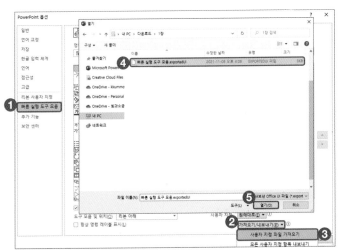

잘 만든 빠른 실행 도구 모음 가져오기

05 ❶ [PowerPoint 옵션] 대화상자에서 [빠른 실행 도구 모음]을 클릭합니다. ❷ 오른쪽 아래에 있는 [가져오기/내보내기]를 클릭한 후 ❸ [사용자 지정 파일 가져오기]를 선택합니다. ❹ [열기] 대화상자에서 '빠른 실행 도구 모음.exportedUI' 파일을 클릭한 후 ❺ [열기]를 클릭합니다.

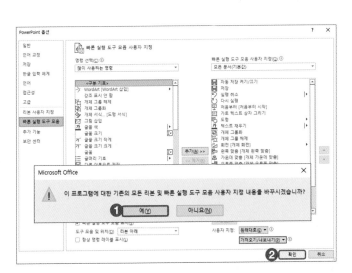

06 ❶ 기존 빠른 실행 도구 모음을 변경할지 묻는 메시지가 나타나면 [예]를 클릭합니다. ❷ [PowerPoint 옵션] 대화상자에서 [확인]을 클릭해 닫습니다.

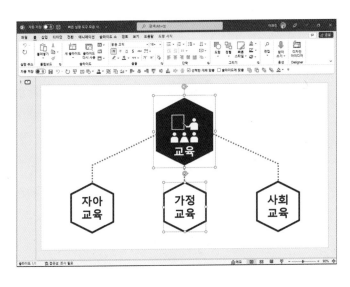

07 빠른 실행 도구 모음에 사용자 지정 파일로 가져온 명령이 추가된 것을 확인할 수 있습니다.

바로 통 하는 TIP [가져오기/내보내기]-[모든 사용자 지정 항목 내보내기]를 클릭하여 현재 리본 메뉴와 빠른 실행 도구 모음 사용자 지정 항목을 파일로 내보낸 후 다른 컴퓨터에서 불러와 사용할 수 있습니다.

우선 순위

혼자 해보기

프레젠 테이션 기본

슬라 이드 배경 서식

내용 작성 & 서식

시각화 & 멀티 미디어

슬라 이드 정리 & 저장

발표 준비 & 발표

핵심기능

03

나만의 리본 메뉴 만들기

실습 파일 없음
완성 파일 없음

사용자 지정 리본 메뉴 탭과 그룹 만들기

01 ❶ [파일] 탭을 클릭하고 ❷ [옵션]을 클릭합니다.

➕ [PowerPoint 옵션] 대화상자가 나타납니다..

02 ❶ [PowerPoint 옵션] 대화상자에서 [리본 사용자 지정]을 클릭하고 ❷ 오른쪽 아래에서 [새 탭]을 클릭합니다.

➕ [새 탭 (사용자 지정)]과 [새 그룹 (사용자 지정)]이 생성됩니다.

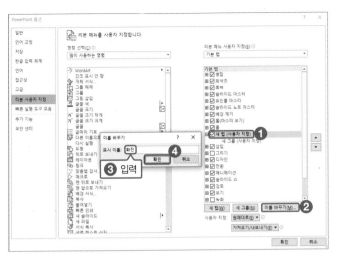

사용자 지정 리본 메뉴 이름 바꾸기

03 ❶ [새 탭 (사용자 지정)]을 클릭하고 ❷ [이름 바꾸기]를 클릭합니다. ❸ [이름 바꾸기] 대화상자에서 [표시 이름]에 **화진**을 입력하고 ❹ [확인]을 클릭합니다.

➕ 새로 추가한 탭의 이름이 [화진]으로 바뀝니다.

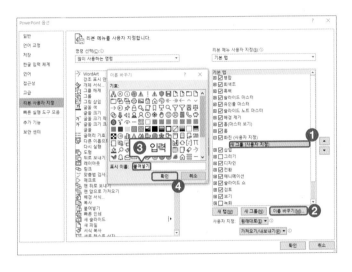

04 ❶ [새 그룹 (사용자 지정)]을 클릭합니다. ❷ [이름 바꾸기]를 클릭한 후 ❸ [이름 바꾸기] 대화상자에서 [표시 이름]에 **붙여넣기**를 입력하고 ❹ [확인]을 클릭합니다.

➕ 새로 추가한 그룹의 이름이 [붙여넣기]로 바뀝니다.

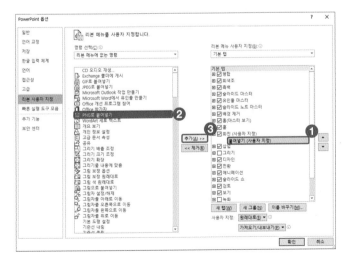

사용자 지정 리본 메뉴에 명령 추가하기

05 ❶ 새로 만든 그룹인 [붙여넣기 (사용자 지정)]를 클릭합니다. ❷ 왼쪽의 [명령 선택] 목록에서 필요한 명령을 클릭하고 ❸ [추가]를 클릭합니다.

➕ 새로 만든 그룹에 명령이 추가됩니다.

06 같은 방법으로 원하는 명령을 모두 추가합
니다. [위로 이동 ▲]/[아래로 이동 ▼]을 클릭
하여 탭의 위치를 이동할 수 있습니다.

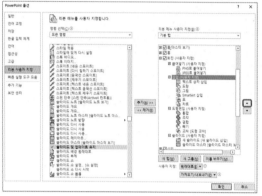
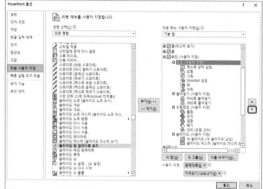

07 명령을 모두 추가한 후 [확인]을 클릭합니다. 리본 메뉴에서 [홈] 탭과 [삽입] 탭 사이에 새로 만든
[화진] 탭이 추가되었습니다.

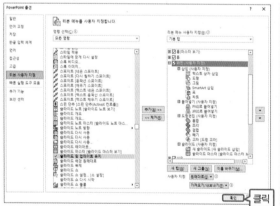
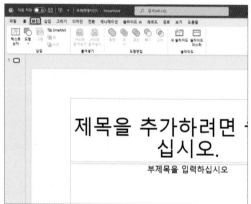

클릭

바로 통하는TIP [PowerPoint 옵션] 대화상자의 [리본 사용자 지정]–[가져오기/내보내기]를 클릭하여 현재 리본 메뉴 및 빠른 실행 도구 모
음 사용자 지정을 파일로 내보낸 후 다른 컴퓨터로 가져와 사용할 수 있습니다.

핵심기능

04

눈금선과 안내선, 눈금자 표시하기

실습 파일 1장\눈금선과 안내선, 눈금자 표시하기.pptx
완성 파일 1장\눈금선과 안내선, 눈금자 표시하기_완성.pptx

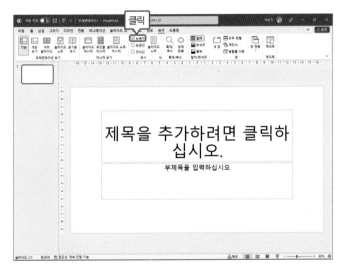

눈금자 표시하기

01 [보기] 탭-[표시] 그룹-[눈금자]에 체크합니다.

➕ 슬라이드 위쪽과 왼쪽에 눈금자가 나타납니다.

바로 통하는TIP 눈금자를 표시하거나 해제하는 단축키는 Alt + Shift + F9 입니다.

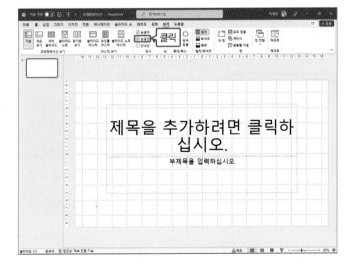

눈금선 표시하기

02 [눈금선]에 체크합니다.

➕ 슬라이드에 바둑판 형태로 눈금선이 나타납니다.

바로 통하는TIP 눈금선을 표시하거나 해제하는 단축키는 Shift + F9 입니다.

우선
순위

혼자
해보기

프레젠
테이션
기본

슬라
이드
배경
서식

내용
작성
&
서식

시각화
&
멀티
미디어

슬라
이드
정리
&
저장

발표
준비
&
발표

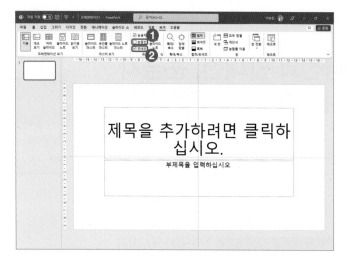

안내선 표시하기

03 ❶ [눈금선]의 체크를 해제하고
❷[안내선]에 체크합니다.

➕ 가로 한 개, 세로 한 개의 안내선이 나타납니다.

바로 통 하는TIP 안내선을 표시하거나 해제하는
단축키는 Alt + F9 입니다.

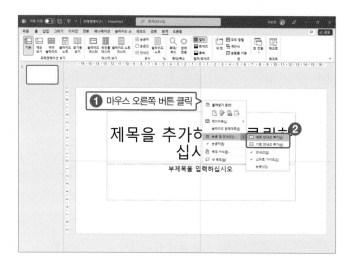

안내선 추가하기

04 슬라이드 화면에 안내선을 추가
하겠습니다. ❶ 슬라이드의 빈 영역
에서 마우스 오른쪽 버튼을 클릭합니
다. ❷ [눈금 및 안내선]–[세로 안내
선 추가] 또는 [가로 안내선 추가]를
클릭합니다.

➕ 세로 또는 가로 안내선이 추가됩니다.

바로 통 하는TIP Ctrl 을 누른 상태에서 안내선
을 원하는 방향으로 드래그하면 안내선이 추가됩니
다.

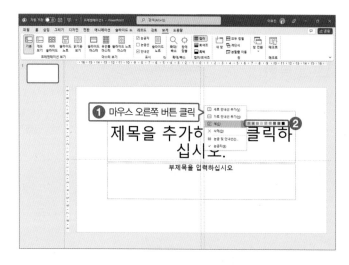

안내선 색 변경하기

05 안내선의 색상을 변경하겠습니
다. ❶ 안내선을 마우스 오른쪽 버튼
으로 클릭합니다. ❷ [색]의 색상표
에서 원하는 색을 클릭합니다.

➕ 안내선 색이 선택한 색으로 변경됩니다.

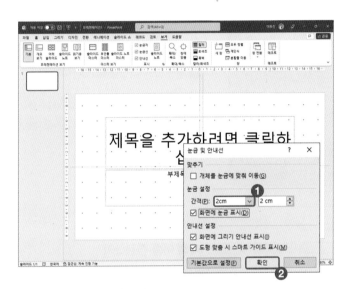

눈금선 간격 설정하기

06 ❶[눈금선]에 다시 체크합니다. ❷슬라이드의 눈금이나 안내선을 설정하려면 슬라이드의 빈 영역에서 마우스 오른쪽 버튼을 클릭한 후 ❸[눈금 및 안내선]을 클릭합니다.

➕ [눈금 및 안내선] 대화상자가 나타납니다.

바로 통 하는TIP [보기] 탭-[표시] 그룹에서 [눈금 설정 표시 🖼]를 클릭하여 [눈금 및 안내선] 대화상자를 열 수도 있습니다.

07 ❶[눈금 및 안내선] 대화상자에서 [눈금 설정]-[간격]을 [2cm]로 지정한 후 ❷[확인]을 클릭합니다.

➕ 눈금선의 간격이 넓어집니다.

2010 \ 2013 \ 2016 \ 2019 \ 2021

개체 이름 변경하고
개체를 표시하거나 숨기기

실습 파일 1장\개체 이름 변경하고 개체를 표시하거나 숨기기.pptx
완성 파일 1장\개체 이름 변경하고 개체를 표시하거나 숨기기_완성.pptx

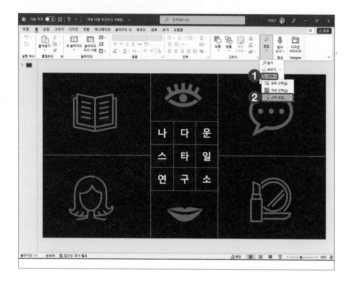

[선택] 작업 창 열기

01 ❶ [홈] 탭-[편집] 그룹-[선택
]을 클릭하고 ❷ [선택 창]을 클릭
합니다.

➕ 화면 오른쪽에 [선택] 작업 창이 나타납니다.

바로 **통** 하는 **TIP** 파워포인트 창의 너비가 좁으
면 [편집] 그룹이 별도의 아이콘 메뉴로 표시됩니
다.

개체 이름 변경하기

02 ❶ [선택] 작업 창에서 가장 아
래에 위치한 [표 3]을 두 번 클릭한
후 ❷ 이름을 **로고**로 변경합니다.

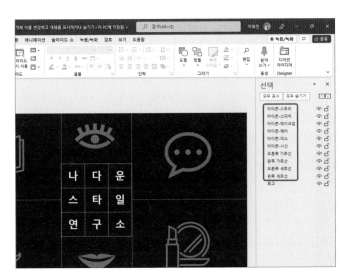

03 같은 방법으로 나머지 개체의 이름도 변경합니다.

개체 숨기기

04 [선택] 작업 창에서 로고 개체 오른쪽의 열린 눈 모양 👁 아이콘을 클릭합니다.

➕ 개체가 화면에서 숨겨집니다.

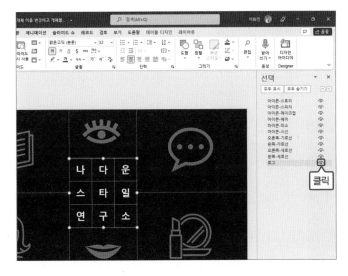

05 닫힌 눈 모양 👁 아이콘을 클릭하면 개체가 슬라이드에 표시됩니다.

바로 통하는TIP 눈 모양 아이콘은 슬라이드의 개체가 숨겨지거나 표시된 상태를 보여줍니다. 눈을 뜨고 있는 모양 👁 이면 슬라이드에 개체가 표시되고 눈에 사선이 있는 모양 👁 으로 바뀌면 개체가 표시되지 않습니다. 포토샵과 같은 그래픽 프로그램에서 레이어를 표시하거나 숨기는 눈 모양 아이콘과 같은 역할을 합니다.

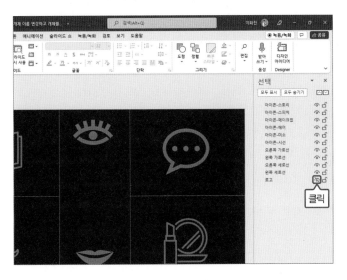

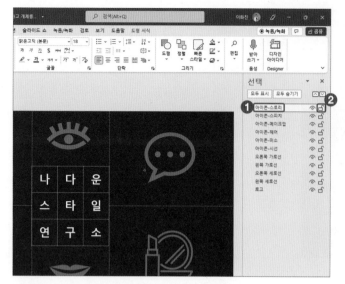

특정 개체 잠그기

06 개체를 잠가 선택하거나 이동할 수 없도록 해보겠습니다. ❶ [선택] 작업 창에서 [아이콘-스토리]를 클릭한 후 ❷ 오른쪽의 열린 자물쇠 모양 아이콘을 클릭합니다.

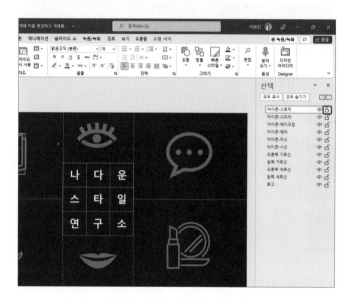

07 아이콘이 잠긴 자물쇠 모양으로 바뀝니다. 자물쇠가 잠긴 개체는 선택하거나 이동할 수 없습니다.

핵심기능

06

배경 서식이 적용된
새 프레젠테이션 만들기

실습 파일 1장\배경 서식이 적용된 새 프레젠테이션 만들기.pptx
완성 파일 1장\배경 서식이 적용된 새 프레젠테이션 만들기_완성.pptx

테마 선택하기

01 ❶ 파워포인트를 실행한 후 [새로 만들기]를 클릭합니다. ❷ 다양한 테마 중 [갤러리]를 클릭합니다.

➕ 선택한 테마의 색상과 패턴을 변경할 수 있는 대화상자가 나타납니다.

바로통하는TIP 원하는 배경 서식이 없는 경우에는 검색 입력 상자에 검색어를 입력하여 온라인 서식 파일이나 테마를 다운로드해 사용할 수 있습니다.

✔ **파워포인트 2010&이전 버전** 파워포인트를 실행하면 바로 [새 프레젠테이션]이 열립니다. [파일] 탭-[새로 만들기]를 클릭한 후 원하는 서식을 선택합니다.

02 ❶ 네 가지 종류 중 한 가지를 선택한 후 ❷ [만들기]를 클릭합니다.

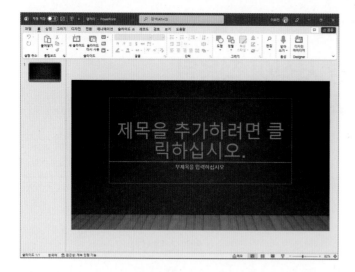

03 선택한 테마가 적용된 프레젠
테이션이 열립니다.

우선순위

핵심기능

07

2010 \ 2013 \ 2016 \ 2019 \ 2021

슬라이드 크기 및 방향 바꾸기

실습 파일 1장\슬라이드 크기 변경하기.pptx
완성 파일 1장\슬라이드 크기 변경하기_완성.pptx

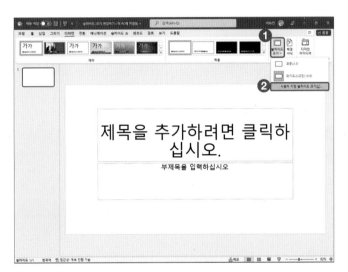

슬라이드 크기 및 방향 바꾸기

01 기본으로 적용된 16:9 비율의 와이드스크린 슬라이드의 크기를 A4 크기, 세로 형태로 변경해보겠습니다. ❶ [디자인] 탭–[사용자 지정] 그룹–[슬라이드 크기▢]를 클릭하고 ❷ [사용자 지정 슬라이드 크기]를 클릭합니다.

➕ [슬라이드 크기] 대화상자가 나타납니다.

✅ **파워포인트 2010** [디자인] 탭–[페이지 설정] 그룹–[페이지 설정]을 클릭한 후 [페이지 설정] 대화상자에서 슬라이드의 크기를 변경할 수 있습니다.

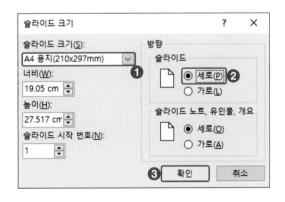

슬라이드 크기 및 방향 설정하기

02 ❶ [슬라이드 크기] 대화상자에서 [슬라이드 크기]를 [A4 용지(210×297mm)]로 선택합니다. ❷ [방향]에서 [슬라이드]–[세로]를 클릭한 후 ❸ [확인]을 클릭합니다.

➕ 슬라이드 크기와 콘텐츠 크기를 조정하기 위한 메시지가 나타납니다.

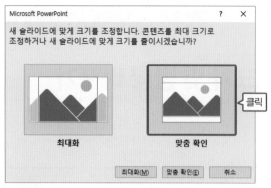

03 콘텐츠의 크기를 어떻게 조정할지 묻는 메시지가 나타나면 [맞춤 확인]을 클릭합니다.

바로 통 하는 TIP 슬라이드 크기 변경 옵션 알아보기

파워포인트에서 슬라이드에 있는 개체 크기를 자동으로 조정하지 못할 때 다음 두 가지 옵션이 메시지로 표시됩니다.

• **최대화** : 슬라이드 크기는 변경되지만 슬라이드에 있는 개체의 원래 크기는 유지합니다. 이 옵션을 선택하면 개체가 슬라이드에 맞지 않을 수 있습니다.

• **맞춤 확인** : 슬라이드 크기가 변경되면 그 크기에 맞춰 슬라이드에 있는 개체 크기도 변경됩니다. 이 옵션을 선택하면 개체 크기가 변경되지만 슬라이드에서 모든 개체를 볼 수 있습니다.

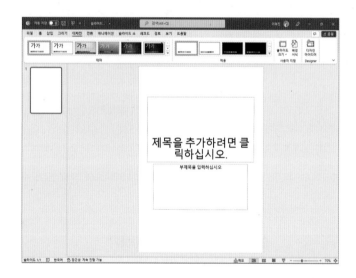

04 슬라이드의 크기가 A4 용지 세로 모양에 맞게 변경된 것을 확인할 수 있습니다.

우선순위

핵심기능

08

2010 \ 2013 \ 2016 \ 2019 \ 2021

슬라이드 추가 및
레이아웃 변경하기

실습 파일 1장\슬라이드 추가 및 레이아웃 변경하기.pptx
완성 파일 1장\슬라이드 추가 및 레이아웃 변경하기_완성.pptx

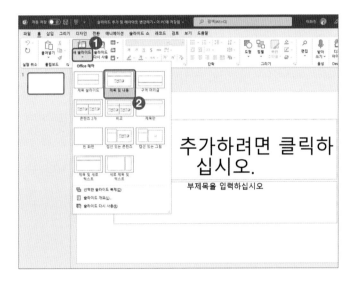

슬라이드 추가하기

01 ❶ [홈] 탭-[슬라이드] 그룹-
[새 슬라이드🔲]의 ▾을 클릭합니
다. ❷ [Office 테마]에서 [제목 및
내용] 레이아웃을 클릭합니다.

바로 통하는TIP 새 슬라이드를 만드는 단축키
는 Ctrl + M 입니다. 따로 레이아웃을 지정하지 않
고 새 슬라이드를 추가하면 추가되는 슬라이드의
레이아웃은 바로 앞 슬라이드의 레이아웃과 같습니
다. 다만, [제목 슬라이드] 레이아웃에서 새 슬라이
드를 추가하면 [제목 및 내용] 레이아웃으로 추가됩
니다.

레이아웃 변경하기

02 현재 슬라이드의 레이아웃을 변경해보겠습니다. ❶ [홈] 탭-[슬라이드] 그룹-[레이아웃🔲]을 클
릭합니다. ❷ [Office 테마]에서 [빈 화면] 레이아웃을 클릭합니다. 선택한 레이아웃으로 슬라이드 레이
아웃이 변경됩니다.

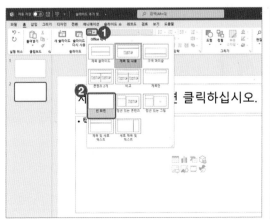

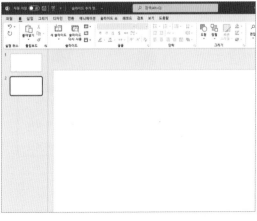

2010 / 2013 / 2016 / 2019 / 2021

슬라이드 이동/복사/붙여넣기/ 삭제하기

실습 파일 1장\슬라이드 이동, 복사, 붙여넣기, 삭제하기.pptx
완성 파일 1장\슬라이드 이동, 복사, 붙여넣기, 삭제하기_완성.pptx

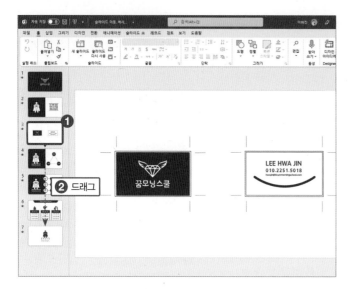

슬라이드 이동하기

01 위치가 적절하지 않은 슬라이드가 있다면 위치를 이동할 수 있습니다. ❶ 화면 왼쪽의 슬라이드 축소판 창에서 [3번 슬라이드]를 클릭합니다. ❷ [3번 슬라이드]를 드래그하여 [6번 슬라이드]와 [7번 슬라이드] 사이로 이동합니다.

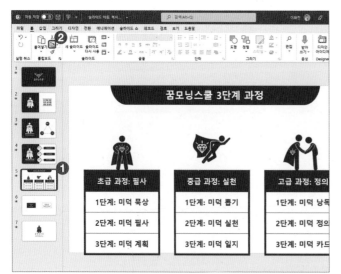

슬라이드 복사하기

02 슬라이드를 복사하면 같은 슬라이드를 추가할 수 있습니다. ❶ 화면 왼쪽의 슬라이드 축소판 창에서 [5번 슬라이드]를 클릭합니다. ❷ [홈] 탭-[클립보드] 그룹-[복사 ▣]를 클릭합니다.

바로 통 하는TIP 슬라이드 복사 단축키는 Ctrl +C입니다. 슬라이드 축소판 창에서 슬라이드를 클릭한 후 Ctrl+C를 누릅니다.

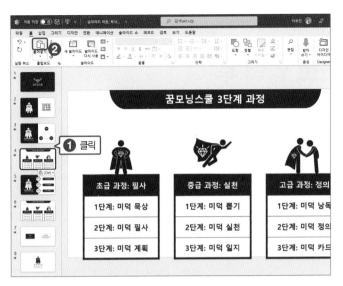

복사한 슬라이드 붙여넣기

03 ❶ 붙여 넣고 싶은 위치인 [3번 슬라이드]와 [4번 슬라이드] 사이를 클릭합니다. ❷ [홈] 탭-[클립보드] 그룹-[붙여넣기 🔲]를 클릭합니다.

➕ 복사한 슬라이드가 두 슬라이드 사이에 삽입됩니다.

바로 통 하는TIP 슬라이드 붙여넣기 단축키는 Ctrl + V 입니다. 슬라이드가 선택된 상태에서 Ctrl + D 를 누르면 바로 아래쪽에 슬라이드가 복제됩니다.

쉽고 빠른 파워포인트 Note ／ 붙여넣기 옵션

슬라이드를 붙여 넣으려는 위치에서 마우스 오른쪽 버튼을 클릭하면 다음과 같은 [붙여넣기 옵션]이 나타납니다. 원하는 옵션을 선택해 슬라이드를 붙여 넣을 수 있습니다.

① **대상 테마 사용** : 붙여 넣을 위치의 프레젠테이션 테마를 그대로 사용할 때 클릭합니다.

② **원본 서식 유지** : 복사하려는 프레젠테이션의 테마를 유지할 때 클릭합니다.

③ **그림** : 복사하려는 프레젠테이션 슬라이드를 그림으로 붙여 넣을 때 클릭합니다.

슬라이드 삭제하기

04 화면 왼쪽의 슬라이드 축소판 그림에서 [8번 슬라이드]를 클릭하고 Delete 를 누릅니다.

➕ 해당 슬라이드가 삭제됩니다.

바로 통 하는TIP 여러 개의 슬라이드를 한번에 삭제하려면 Ctrl 을 누른 상태에서 슬라이드를 각각 클릭한 후 Delete 를 누릅니다.

우선 순위

혼자 해보기

프레젠 테이션 기본

슬라 이드 배경 서식

내용 작성 & 서식

시각화 & 멀티 미디어

슬라 이드 정리 & 저장

발표 준비 & 발표

2010 \ 2013 \ 2016 \ 2019 \ 2021

텍스트 입력 후
빠른 스타일 적용하기

실습 파일 1장\텍스트 입력 후 빠른 스타일 적용하기.pptx
완성 파일 1장\텍스트 입력 후 빠른 스타일 적용하기_완성.pptx

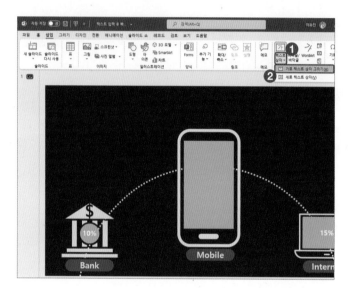

텍스트 입력하기

01 ❶ [삽입] 탭-[텍스트] 그룹-[텍스트 상자 ☑]의 ☑을 클릭하고 ❷ [가로 텍스트 상자 그리기]를 클릭합니다.

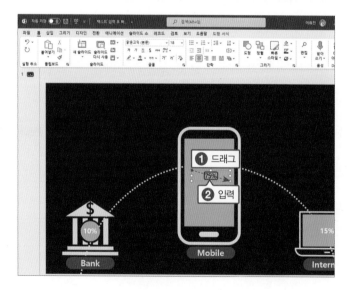

02 ❶ 그림 가운데 위치에서 드래그하여 텍스트 상자를 삽입합니다. ❷ 텍스트 상자에 **75%**를 입력합니다.

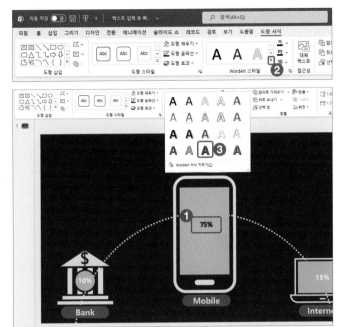

03 ❶ '75%'를 입력한 텍스트 상자를 클릭하고 ❷ [도형 서식] 탭–[WordArt 스타일] 그룹–[자세히 ⌄]를 클릭합니다. ❸ [무늬 채우기: 진한 회색, 강조색 1, 50%, 진한 그림자: 회색, 강조색 1]을 클릭합니다.

➕ 텍스트에 WordArt 스타일이 적용됩니다.

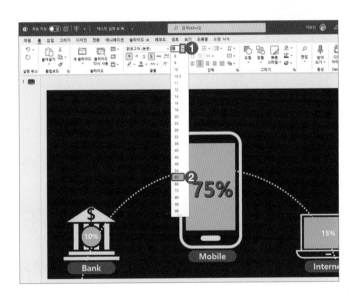

04 WordArt 스타일이 적용된 텍스트의 글꼴 크기를 변경하겠습니다. ❶ [홈] 탭–[글꼴] 그룹–[글꼴 크기 ⌄]를 클릭하고 ❷ [60]을 클릭합니다.

➕ 텍스트의 글꼴 크기가 커집니다.

우선
순위

혼자
해보기

프레젠
테이션
기본

슬라
이드
배경
서식

내용
작성
&
서식

시각화
&
멀티
미디어

슬라
이드
정리
&
저장

발표
준비
&
발표

2010 \ 2013 \ 2016 \ 2019 \ 2021

빠른 스타일이 적용된 WordArt로 텍스트 입력하기

실습 파일 1장\빠른 스타일이 적용된 WordArt로 텍스트 입력하기.pptx
완성 파일 1장\빠른 스타일이 적용된 WordArt로 텍스트 입력하기_완성.pptx

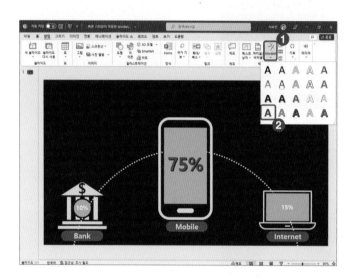

WordArt 스타일 선택하기

01 WordArt 스타일을 이용해 디자인이 적용된 텍스트를 간편하게 입력할 수 있습니다. ❶ [삽입] 탭-[텍스트] 그룹-[WordArt 🗚]를 클릭하고 ❷ [무늬 채우기: 흰색, 어두운 상향 대각선 줄무늬, 그림자]를 클릭합니다.

WordArt 텍스트 상자를 사용해 텍스트 입력하기

02 WordArt 텍스트 상자가 슬라이드에 나타납니다. ❶ WordArt 텍스트 상자에 **The bank disappears**를 입력한 후 ❷ 슬라이드 위쪽 가운데에 배치시켜 슬라이드를 완성합니다.

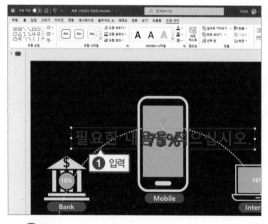

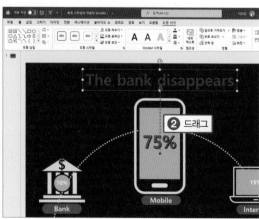

바로 통하는 TIP 글꼴 크기는 66pt로 설정했습니다.

우선순위

핵심기능

| 2010 | 2013 | 2016 | 2019 | 2021 |

도형 그린 후 빠른 스타일 적용하기

12

실습 파일 1장\도형 그린 후 빠른 스타일 적용하기.pptx
완성 파일 1장\도형 그린 후 빠른 스타일 적용하기_완성.pptx

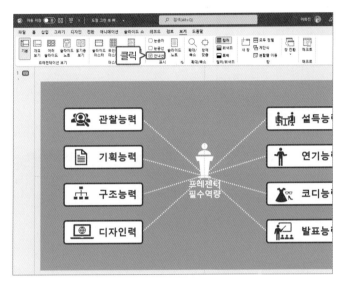

안내선 표시하기

01 슬라이드에 안내선을 표시하겠습니다. [보기] 탭-[표시] 그룹-[안내선]에 체크합니다.

➕ 가로와 세로 안내선이 하나씩 슬라이드 가운데에 표시됩니다.

바로통하는TIP 안내선을 표시하거나 해제하는 단축키는 Alt + F9 입니다.

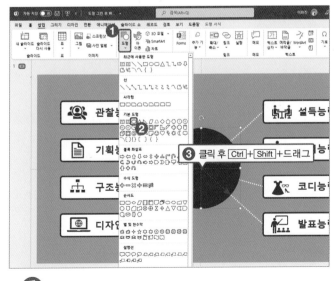

슬라이드에 도형 그리기

02 슬라이드에 도형을 그려 삽입하겠습니다. ❶ [삽입] 탭-[일러스트레이션] 그룹-[도형]을 클릭하고 ❷ [타원]을 클릭합니다. ❸ 안내선이 교차하는 정가운데 지점을 Ctrl 과 Shift 를 누른 상태에서 대각선으로 드래그하여 적당한 크기로 도형을 그려줍니다.

➕ 안내선이 교차하는 지점을 중심으로 정원이 그려집니다.

바로통하는TIP Shift 를 누른 채 드래그하면 도형의 사방이 같은 모양으로 확대됩니다. Ctrl 을 누른 채 드래그하면 클릭한 지점이 중심이 되는 도형이 그려집니다.

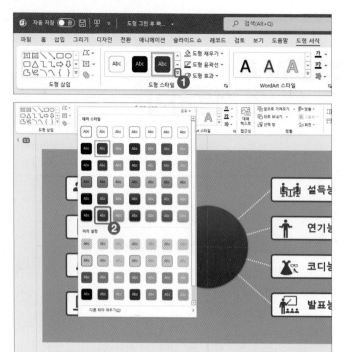

도형에 빠른 스타일 적용하기

03 삽입한 도형에 스타일을 적용해보겠습니다. ❶ 삽입한 도형이 선택된 상태에서 [도형 서식] 탭-[도형 스타일] 그룹-[자세히⊡]를 클릭합니다. ❷ [테마 스타일]에서 [강한 효과-진한 파랑, 강조 1]을 클릭합니다.

➕ 도형에 빠른 스타일이 적용됩니다.

바로 통 하는TIP 빠른 스타일이 적용된 도형을 뒤로 보내려면 도형을 선택한 후 [도형 서식] 탭-[정렬] 그룹-[뒤로 보내기⏏]를 클릭합니다.

우선순위

핵심기능

13

2010 \ 2013 \ 2016 \ 2019 \ 2021

그림 삽입 후
빠른 스타일 적용하기

실습 파일 1장\그림 삽입 후 빠른 스타일 적용하기.pptx
완성 파일 1장\그림 삽입 후 빠른 스타일 적용하기_완성.pptx

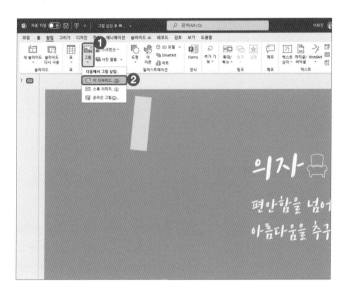

그림 삽입하기

01 슬라이드에 그림을 삽입한 후 빠른 스타일을 적용해보겠습니다. ❶ [삽입] 탭-[이미지] 그룹-[그림 🖾]을 클릭하고 ❷ [이 디바이스]를 클릭합니다.

➕ [그림 삽입] 대화상자가 나타납니다.

02 ❶ [그림 삽입] 대화상자에서 '의자.jpg' 파일을 클릭한 후 ❷ [삽입]을 클릭합니다.

➕ 슬라이드 창에 선택한 그림이 삽입됩니다.

그림에 빠른 스타일 적용하기

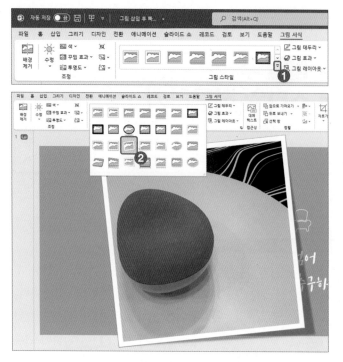

03 삽입한 그림에 스타일을 적용해보겠습니다. ❶ 삽입한 그림이 선택된 상태에서 빠른 스타일을 적용하기 위해 [그림 서식] 탭-[그림 스타일] 그룹-[자세히⊡]를 클릭합니다. ❷ 그림 스타일 중에서 [회전, 흰색]을 클릭합니다.

➕ 그림에 빠른 스타일이 적용됩니다.

04 스타일이 적용된 그림을 보기 좋게 배치합니다.

바로통하는TIP 개체를 뒤로 보내려면 개체를 선택한 후 [홈] 탭-[그리기] 그룹-[정렬]-[뒤로 보내기]를 클릭합니다. 또는 개체를 선택한 후 [그림 서식] 탭-[정렬] 그룹-[뒤로 보내기]를 클릭합니다.

2010 / 2013 / 2016 / 2019 / 2021

우선
순위

혼자
해보기

프레젠
테이션
기본

슬라
이드
배경
서식

내용
작성
&
서식

시각화
&
멀티
미디어

슬라
이드
정리
&
저장

발표
준비
&
발표

우선순위

핵심기능

14

표 삽입 후 빠른 스타일 적용하기

실습 파일 1장\표 삽입 후 빠른 스타일 적용하기.pptx
완성 파일 1장\표 삽입 후 빠른 스타일 적용하기_완성.pptx

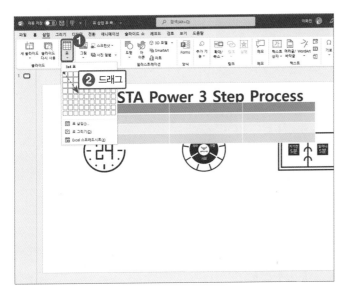

표 삽입하기

01 슬라이드에 표를 삽입해보겠습니다. ❶ [삽입] 탭-[표] 그룹-[표⊞]를 클릭합니다. ❷ [3×4], 즉 3열 4행을 드래그합니다.

➕ 3열×4행 표가 삽입됩니다.

바로 통 하는 TIP 행과 열 목록에서는 10열 8행 이내의 표만 삽입할 수 있습니다. 이보다 더 큰 표를 삽입하려면 [표 삽입]을 클릭하고 원하는 행과 열의 개수를 입력하여 만듭니다.

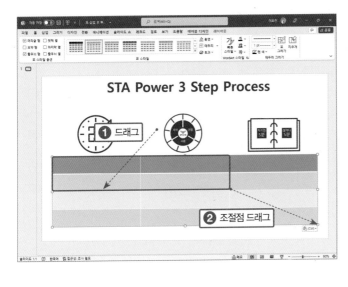

02 ❶ 삽입된 표의 테두리를 드래그하여 그림 아래쪽에 배치한 후 ❷ 표의 크기 조절 핸들○을 드래그하여 크기를 조정합니다.

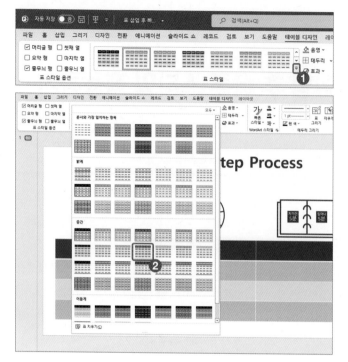

표에 빠른 스타일 적용하기

03 표에 스타일을 적용해보겠습니다. ❶ 표가 선택된 상태에서 [테이블 디자인] 탭-[표 스타일] 그룹-[자세히▾]를 클릭합니다. ❷ 표 스타일 중에서 [중간]-[보통 스타일 2-강조 3]을 클릭합니다.

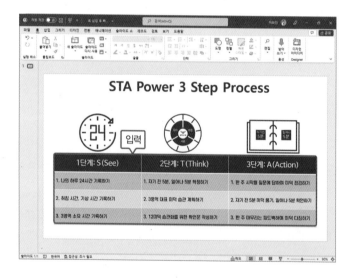

04 빠른 스타일이 적용된 표에 내용을 입력하여 표를 완성합니다.

차트 삽입 후 빠른 스타일 적용하기

실습 파일 1장\차트 삽입 후 빠른 스타일 적용하기.pptx
완성 파일 1장\차트 삽입 후 빠른 스타일 적용하기_완성.pptx

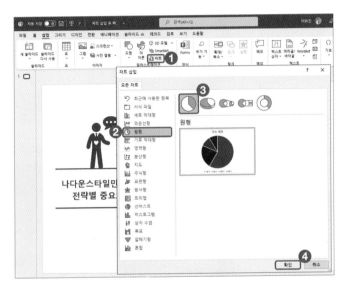

차트 삽입하기

01 슬라이드에 차트를 삽입해보겠습니다. ❶ [삽입] 탭-[일러스트레이션] 그룹-[차트🔲]를 클릭합니다. ❷ [차트 삽입] 대화상자에서 [원형]을 클릭하고 ❸ [원형]을 클릭합니다. ❹ [확인]을 클릭합니다.

➕ [Microsoft PowerPoint의 차트] 엑셀 창이 나타납니다.

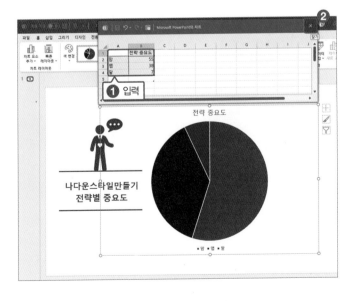

데이터 값 입력하기

02 ❶ [Microsoft PowerPoint의 차트] 엑셀 창에서 데이터 시트에 기본으로 입력되어 있는 값을 삭제하고 그림과 같이 값을 입력합니다. ❷ [닫기✖]를 클릭하여 데이터 시트를 닫습니다.

바로 통 하는TIP 데이터가 잘못 입력된 경우에는 [차트 디자인] 탭-[데이터] 그룹-[데이터 편집]-[데이터 편집]을 클릭하고 엑셀 창을 다시 불러와 수정할 수 있습니다

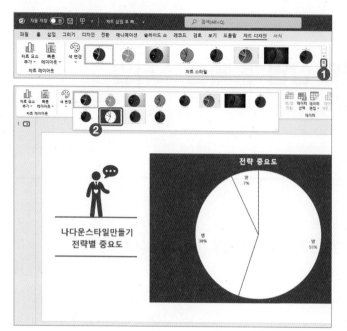

차트에 빠른 스타일 적용하기

03 삽입한 차트에 스타일을 적용해보겠습니다. ❶ 차트가 선택된 상태에서 [차트 디자인] 탭–[차트 스타일] 그룹–[자세히 ⊡]를 클릭합니다. ❷ 차트 스타일에서 [스타일 10]을 클릭합니다.

➕ 차트에 빠른 스타일이 적용됩니다.

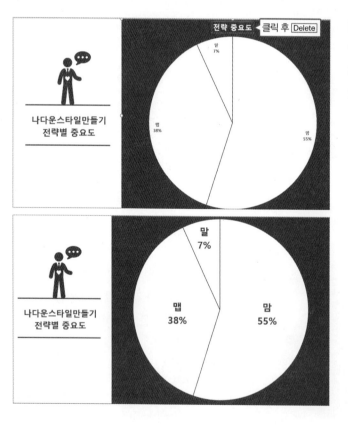

04 차트 제목을 클릭한 후 Delete 를 눌러 삭제합니다. 데이터 레이블과 원형 그래프의 크기를 화면에 맞게 조정하여 차트를 완성합니다.

우선순위

핵심기능

16

2010 \ 2013 \ 2016 \ 2019 \ 2021

프레젠테이션 문서 열기
및 저장하기

실습 파일 1장\프레젠테이션 문서 열기 및 저장하기.pptx
완성 파일 1장\프레젠테이션 문서 열기 및 저장하기_완성.pptx

파일 열기

01 ❶ 프레젠테이션 문서를 열기 위해 [파일] 탭-[열기]를 클릭합니다. ❷ [이 PC]를 클릭하고 ❸ [찾아보기]를 클릭합니다.

➕ [열기] 대화상자가 나타납니다.

02 ❶ [열기] 대화상자에서 '프레젠테이션 문서 열기 및 저장하기.pptx' 파일을 클릭하고 ❷ [열기]를 클릭합니다.

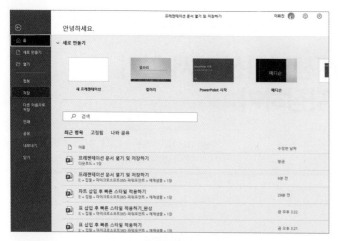

파일 저장하기

03 문서 수정 후 열린 파일을 저장하기 위해 [파일] 탭-[저장]을 클릭합니다.

바로 통하는TIP 저장 단축키는 Ctrl + S 입니다.

다른 이름으로 저장하기

04 불러온 파일은 이름이나 형식을 바꿔 다른 이름으로 저장할 수 있습니다. ❶ [파일] 탭-[다른 이름으로 저장]을 클릭합니다. ❷ [기타 위치]-[찾아보기]를 클릭합니다.

➕ [다른 이름으로 저장] 대화상자가 나타납니다.

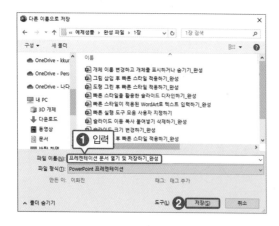

05 ❶ [다른 이름으로 저장] 대화상자에서 [파일 이름]에 **프레젠테이션 문서 열기 및 저장하기_완성**을 입력하고 ❷ [저장]을 클릭합니다.

➕ 입력한 이름의 프레젠테이션 문서가 따로 저장됩니다.

회사통

혼자 해보기

빠른 스타일을 활용한 슬라이드 디자인하기

실습 파일 1장\빠른 스타일을 활용한 슬라이드 디자인하기.pptx
완성 파일 1장\빠른 스타일을 활용한 슬라이드 디자인하기_완성.pptx

⊕ 예제 설명 및 완성 화면

이미지와 텍스트에 스타일 효과를 적용해 메시지를 강조하는 슬라이드를 만들어보겠습니다. 실제 프레젠테이션에서 많이 사용되는 슬라이드 형태를 빠른 스타일로 적용함으로써 작업 시간을 단축할 수 있습니다. 텍스트는 WordArt 스타일에서, 그림은 그림 스타일에서 원하는 디자인을 선택하여 적용합니다. 그림 위에 테이프를 붙인 듯한 느낌은 사각형 도형을 그린 후 도형 스타일에서 파란색 반투명 느낌이 나는 스타일을 선택해 연출할 수 있습니다. 파워포인트를 사용하면 클릭 몇 번만으로도 완성도 높은 슬라이드를 디자인할 수 있습니다.

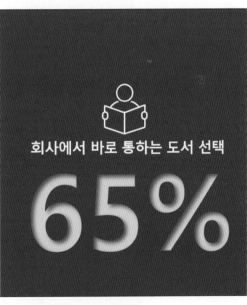

회사에서 바로 통하는 도서 선택

65%

01 WordArt 스타일 선택하기

[삽입] 탭-[텍스트] 그룹-[WordArt 🏷]를 클릭하고 [채우기 : 밝은 회색, 배경색 2, 안쪽 그림자]를 클릭합니다. 텍스트에 WordArt 스타일이 적용됩니다.

02 WordArt 텍스트 상자를 사용해 텍스트 입력하기

텍스트 상자에 **65%**를 입력하고 글꼴 크기를 [199pt]로 변경합니다. 화면 오른쪽에 보기 좋게 위치시킵니다.

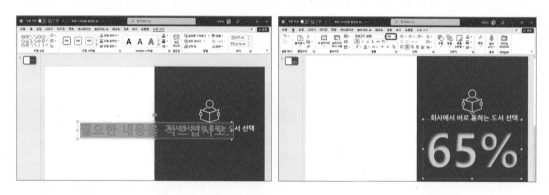

03 그림 삽입하기

[삽입] 탭-[이미지] 그룹-[그림 🖼]을 클릭하고 [이 디바이스]를 클릭합니다. [그림 삽입] 대화상자에서 '회사에서 바로 통하는 도서.jpg' 파일을 클릭한 후 [삽입]을 클릭합니다. 슬라이드 창에 선택한 그림이 삽입됩니다.

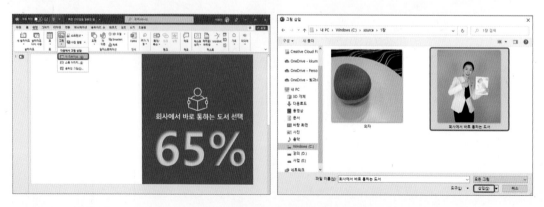

04 그림에 빠른 스타일 적용하기

삽입한 사진 이미지가 선택된 상태에서 빠른 스타일을 적용합니다. [그림 서식] 탭-[그림 스타일] 그룹-[자세히 ⌄]를 클릭합니다.

05 그림 스타일 적용하고 적절하게 배치하기

그림 스타일 중에서 [대각선 방향의 모서리 잘림, 흰색]을 클릭합니다. 크기를 줄인 후 화면 왼쪽에 배치합니다.

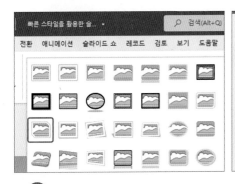

바로 통 하는 TIP 이미지를 클릭하면 각 변과 모서리에 크기 조절 핸들이 나타납니다. 여기에 마우스 포인터를 위치시키고 포인터 모양이 변하면 드래그해 크기를 조정합니다. 이때 Shift 를 누른 상태에서 드래그하면 높이와 너비의 비율을 유지한 채 이미지 크기를 조정할 수 있습니다.

우선
순위

혼자
해보기

프레젠
테이션
기본

슬라
이드
배경
서식

내용
작성
&
서식

시각화
&
멀티
미디어

슬라
이드
정리
&
저장

발표
준비
&
발표

06 **파란색 반투명 테이프 만들기**

[삽입] 탭-[일러스트레이션] 그룹-[도형🔘]을 클릭하고 [직사각형▢]을 클릭합니다. 슬라이드 창 왼쪽에서 드래그하여 사진 이미지에 붙일 직사각형 개체를 그려줍니다. 파란색 반투명 효과를 주기 위해 직사각형을 선택한 상태에서 [도형 서식] 탭-[도형 스타일] 그룹-[자세히▾]를 클릭하고 [반투명-진한 파랑, 강조 2, 윤곽선 없음]을 클릭합니다. 직사각형에 반투명 효과가 적용됩니다.

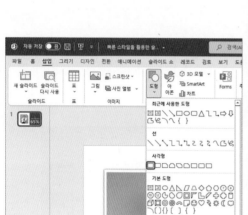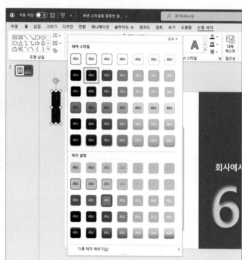

07 **도형 회전, 복사, 배치하기**

스타일을 적용한 직사각형이 선택된 상태에서 회전 핸들을 드래그하여 도형을 오른쪽으로 회전시킵니다. 완성된 반투명 테이프를 하나 더 복사한 후 사진 이미지 왼쪽 위와 오른쪽 아래에 배치합니다. 메시지를 강조하는 슬라이드가 완성됩니다.

바로 통 하는TIP 도형을 복사하려면 Ctrl을 누른 상태에서 드래그합니다.

CHAPTER

02

프레젠테이션
슬라이드 배경
서식 만들기

프레젠테이션 주제에 어울리는 배경 서식 디자인은 청중의 시선을 사로
잡고 그들의 기억에 오래도록 남을 수 있게 도와줍니다. 배경 서식을 만
들 때는 프레젠테이션 내용과 대상, 상황에 맞게 테마 글꼴을 설정하고
브랜드 컬러를 중심으로 테마 색을 설정합니다. 프레젠테이션에 공통으
로 적용되는 슬라이드 배경, 제목 서식, 로고, 번호 등은 슬라이드 마스
터에서 작업합니다. 슬라이드 마스터를 사용하면 프레젠테이션을 쉽게
수정하고 편집할 수 있습니다.

2010 \ 2013 \ 2016 \ 2019 \ 2021

새 테마 글꼴 만들기

실습 파일 2장\새 테마 글꼴 만들기.pptx
완성 파일 2장\새 테마 글꼴 만들기_완성.pptx

새 테마 글꼴 만들기

01 ❶ [디자인] 탭-[적용] 그룹-[자세히 ▾]를 클릭하고 ❷ [글꼴]-[글꼴 사용자 지정]을 클릭합니다.

➕ [새 테마 글꼴 만들기] 대화상자가 나타납니다.

바로 통하는TIP 또 다른 방법으로 테마 글꼴을 사용자 지정하려면 슬라이드 마스터 보기 상태에서 [슬라이드 마스터] 탭-[배경] 그룹-[글꼴]-[글꼴 사용자 지정]을 클릭합니다.

✅ **파워포인트 2010** [디자인] 탭-[테마] 그룹-[글꼴]-[새 테마 글꼴 만들기]를 선택합니다.

02 ❶ [새 테마 글꼴 만들기] 대화상자에서 [영어 글꼴], [한글 글꼴]의 [제목 글꼴]과 [본문 글꼴]을 프레젠테이션 내용에 어울리는 글꼴로 각각 변경합니다. ❷ [이름]에 **꿈모닝스쿨**을 입력하고 ❸ [저장]을 클릭합니다.

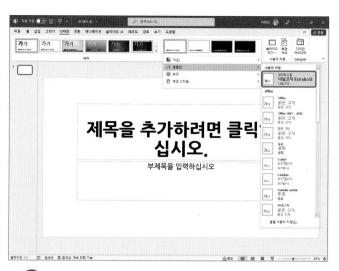

03 개체 틀의 글꼴이 변경되었습니다. 또한 새로 만든 글꼴이 [사용자 지정] 목록에 추가되었습니다.

바로 통 하는 TIP 글꼴을 사용자 지정하면 [홈] 탭-[글꼴] 그룹-[글꼴▽] 목록에서 [테마 글꼴] 항목이 사용자가 지정한 글꼴로 변경되는 것을 확인할 수 있습니다.

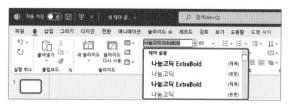

쉽고 빠른 파워포인트 Note | 테마 글꼴 더 알아보기

테마 글꼴을 지정하면 해당 테마의 텍스트에 일괄적으로 적용됩니다. 테마 글꼴을 잘 사용하면 문서 작업 시간을 단축할 수 있습니다.

01 일반 글꼴과 테마 글꼴의 차이 알기

① **일반 글꼴이 적용된 텍스트** : 사용자가 글꼴을 변경하는 대로 적용됩니다. 테마 글꼴을 변경해도 일반 글꼴은 변경되지 않습니다.

② **테마 글꼴이 적용된 텍스트** : 테마 글꼴이 변경되면 테마 글꼴이 적용된 모든 텍스트가 자동으로 변경됩니다.

02 테마 글꼴을 설정할 때 영어 글꼴과 한글 글꼴을 같게 설정하기

① **한글 프레젠테이션** : 한글 글꼴과 영어 글꼴을 같은 글꼴로 사용하는 것이 좋습니다. 다른 글꼴을 사용하면 같은 단락에서 한글과 영어 글꼴이 다르게 표시되어 어색할 수 있습니다.

② **영어 프레젠테이션** : 영어 글꼴만 원하는 글꼴로 설정하고 한글 글꼴은 기본값인 맑은 고딕을 그대로 유지합니다.

우선
순위

혼자
해보기

프레젠
테이션
기본

슬라
이드
배경
서식

내용
작성
&
서식

시각화
&
멀티
미디어

슬라
이드
정리
&
저장

발표
준비
&
발표

새 테마 색 만들기

18

실습 파일 2장\새 테마 글꼴 만들기.pptx
완성 파일 2장\새 테마 글꼴 만들기_완성.pptx

새 테마 색 만들기

01 ❶ [디자인] 탭-[적용] 그룹-[자세히 ▽]를 클릭하고 ❷ [색]-[색 사용자 지정]을 클릭합니다.

➕ [새 테마 색 만들기] 대화상자가 나타납니다.

바로 통하는TIP 다른 방법으로 테마 색을 사용자 지정하려면 슬라이드 마스터 보기 상태에서 [슬라이드 마스터] 탭-[배경] 그룹-[색]-[색 사용자 지정]을 클릭합니다.

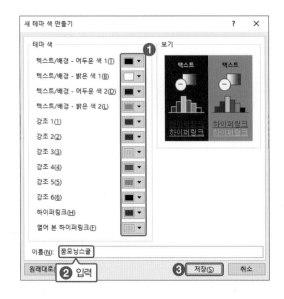

02 ❶ [새 테마 색 만들기] 대화상자에서 프레젠테이션의 스타일에 맞게 색을 변경합니다. ❷ [이름]에 **꿈모닝스쿨**을 입력하고 ❸ [저장]을 클릭합니다.

바로 통 하는 TIP 새 테마 색은 다음의 표와 같이 구성합니다. [강조 1(1)]에 적용한 색은 도형을 그리면 자동으로 도형에 채워지는 색입니다. [강조 1(1)]은 가장 많이 사용하는 색을 적용하는 것이 좋습니다.

테마 색	RGB 값	색상 코드
텍스트/배경-어두운 색 1(T)	빨강(R) : 0, 녹색(G) : 0, 파랑(B) : 0	#000000
텍스트/배경-밝은 색 1(B)	빨강(R) : 255, 녹색(G) : 255, 파랑(B) : 255	#FFFFFF
텍스트/배경-어두운 색 2(D)	빨강(R) : 0, 녹색(G) : 48, 파랑(B) : 96	#060761
텍스트/배경-밝은 색 2(L)	빨강(R) : 148, 녹색(G) : 148, 파랑(B) : 148	#9E9E9E
강조 1(1)	빨강(R) : 0, 녹색(G) : 118, 파랑(B) : 191	#0123B4
강조 2(2)	빨강(R) : 0, 녹색(G) : 178, 파랑(B) : 89	#143A82
강조 3(3)	빨강(R) : 12, 녹색(G) : 65, 파랑(B) : 154	#CED2E6
강조 4(4)	빨강(R) : 128, 녹색(G) : 195, 파랑(B) : 65	#2863B3
강조 5(5)	빨강(R) : 254, 녹색(G) : 131, 파랑(B) : 75	#57A5E1
강조 6(6)	빨강(R) : 255, 녹색(G) : 179, 파랑(B) : 0	#09174B
하이퍼링크(H)	빨강(R) : 44, 녹색(G) : 71, 파랑(B) : 158	#0123B4
열어 본 하이퍼링크(F)	빨강(R) : 127, 녹색(G) : 127, 파랑(B) : 127	#CED2E6

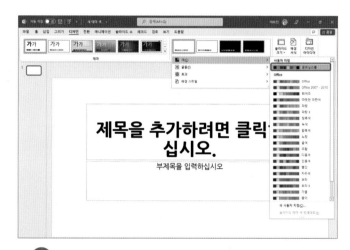

03 새로 만든 테마 색이 [사용자 지정] 목록에 추가되었습니다.

바로 통 하는 TIP [색]을 [사용자 지정] 목록에서 선택하면 [도형 서식] 탭-[도형 스타일] 그룹-[도형 채우기]를 클릭했을 때 나타나는 [테마 색] 부분이 사용자가 지정한 색으로 변경된 것을 확인할 수 있습니다. 모든 테마 색이 변경됩니다.

색을 사용자 지정하면 텍스트 빠른 스타일, 도형 빠른 스타일, 표 빠른 스타일, 차트 색 변경, SmartArt 그래픽 색 변경 부분이 사용자 지정 색으로 변경되는 것을 확인할 수 있습니다.

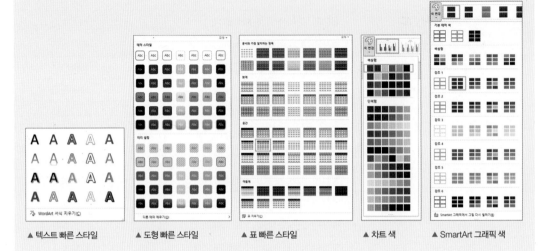

▲ 텍스트 빠른 스타일   ▲ 도형 빠른 스타일   ▲ 표 빠른 스타일   ▲ 차트 색   ▲ SmartArt 그래픽 색

일반 색과 테마 색을 구분해서 사용합니다.

① **일반 색이 적용된 개체** : 사용자가 개체의 색을 변경하는 대로 적용됩니다. 테마 색을 변경해도 일반 색이 적용된 개체는 변경되지 않습니다.

② **테마 색이 적용된 개체** : 테마 색이 변경되면 테마 색이 적용된 모든 개체의 색이 자동으로 변경됩니다.

핵심기능

19

슬라이드 배경 서식 변경하기

실습 파일 2장\슬라이드 배경 서식 변경하기.pptx
완성 파일 2장\슬라이드 배경 서식 변경하기_완성.pptx

슬라이드 마스터로 이동하기

01 [보기] 탭-[마스터 보기] 그룹-[슬라이드 마스터▥]를 클릭합니다. 슬라이드 마스터 보기 상태로 전환됩니다.

마스터 제목 스타일 편집하기

02 설정된 제목 스타일이 모든 레이아웃에 공통으로 적용되도록 슬라이드 마스터에서 마스터 제목의 글꼴 크기와 위치를 수정해보겠습니다. ❶ 슬라이드 축소판 창에서 첫 번째 [Office 테마 슬라이드 마스터]를 클릭합니다. ❷ 제목 개체 틀을 클릭합니다. ❸ [홈] 탭-[글꼴] 그룹-[글꼴 크기]를 [32]로 변경하고 ❹ [도형 서식] 탭-[크기] 그룹-[도형 높이▥]를 [1.5cm]로 변경합니다.

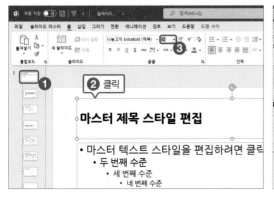

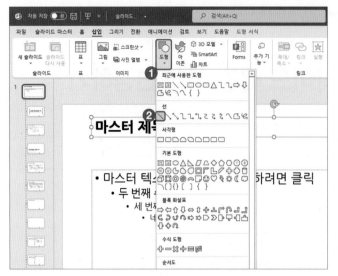

배경에 선 그리기

03 삽입할 개체가 모든 레이아웃에 공통으로 적용되도록 슬라이드 마스터에서 계속 작업하겠습니다. ❶ [삽입] 탭-[일러스트레이션] 그룹-[도형]을 클릭하고 ❷ [선]을 클릭합니다.

➕ 마우스 포인터가 십자 모양으로 바뀌어 슬라이드 창에 도형을 삽입할 준비가 됩니다.

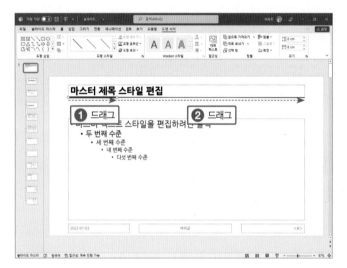

04 ❶❷ 제목 개체 틀 바로 아래에서 드래그하여 선 두 개를 그립니다.

바로통하는TIP 슬라이드에 선을 그릴 때 Shift 를 누른 상태로 드래그하면 직선을 그릴 수 있습니다.

바로통하는TIP 선 서식은 다음과 같이 지정합니다. [도형 서식] 탭-[크기] 그룹-[도형 너비]에서 선의 길이를 지정할 수 있고 [도형 스타일] 그룹-[도형 윤곽선]에서 선의 색과 두께를 지정할 수 있습니다.

도형	길이	두께	색
선1	6cm	6pt	진한 파랑, 강조1
선2	29cm	3pt	진한 파랑, 강조1

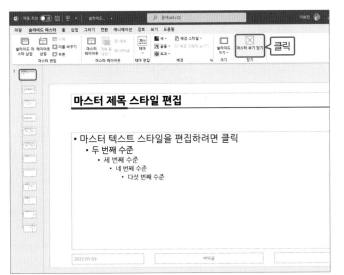

슬라이드 마스터 닫기

05 [슬라이드 마스터] 탭-[닫기] 그룹-[마스터 보기 닫기⊠]를 클릭합니다.

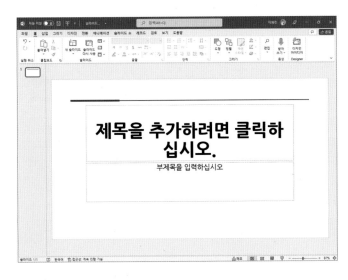

06 슬라이드 마스터에서 그린 도형이 슬라이드에 적용된 것을 확인할 수 있습니다.

바로 통 하는TIP [홈] 탭-[슬라이드] 그룹-[레이아웃⊞]을 클릭하면 [Office 테마] 목록에서 슬라이드 마스터로 수정한 마스터 제목 스타일을 확인할 수 있습니다.

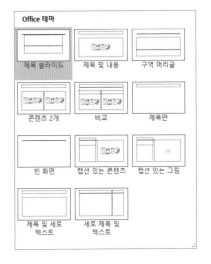

① **슬라이드 마스터** : 글꼴이나 로고와 같은 이미지를 모든 슬라이드에 똑같이 적용할 때는 슬라이드 마스터에서 변경합니다. 슬라이드 마스터 보기를 열려면 [보기] 탭-[마스터 보기] 그룹-[슬라이드 마스터]를 클릭합니다. 슬라이드 마스터 보기 상태에서 슬라이드 마스터는 슬라이드 창 왼쪽의 슬라이드 축소판 창에서 맨 위에 있는 슬라이드입니다.

② **레이아웃 마스터** : 슬라이드 마스터 아래에는 형태가 다른 11개의 레이아웃이 기본으로 제공됩니다. 목적에 맞게 추가하거나 삭제할 수 있습니다. 슬라이드 마스터와 레이아웃 마스터는 연결되어 있어 슬라이드 마스터에서 서식을 변경하면 레이아웃 마스터의 서식도 똑같이 변경됩니다. 레이아웃 마스터별로 슬라이드 마스터의 적용 내용을 숨기거나 원하는 디자인을 적용할 수 있습니다.

③ **테마** : 통일되고 전문적인 느낌을 표현하는 슬라이드에 적용할 색, 글꼴 및 시각 효과의 집합입니다. 테마를 사용하면 최소한의 노력으로 프레젠테이션을 조화롭게 보이도록 꾸밀 수 있습니다. 미리 디자인된 테마는 기본 보기 상태의 [디자인] 탭에서 제공합니다. 프레젠테이션에서 사용하는 모든 테마에는 슬라이드 마스터와 관련 레이아웃이 포함되어 있습니다. 프레젠테이션에 여러 테마를 사용할 때는 두 개 이상의 슬라이드 마스터와 여러 가지 레이아웃이 생성됩니다.

④ **슬라이드 레이아웃** : 모든 슬라이드에 표시되는 서식, 위치 및 개체 틀 상자가 포함됩니다. [홈] 탭-[슬라이드] 그룹-[레이아웃▤]을 클릭하면 나타나는 레이아웃 중 하나를 선택하여 적용합니다. 슬라이드 마스터 보기 상태에서 슬라이드 레이아웃을 변경하고 관리할 수 있습니다. 모든 테마에는 여러 가지 슬라이드 레이아웃이 있어 슬라이드 내용에 가장 적합한 레이아웃을 선택하여 슬라이드를 디자인할 수 있습니다.

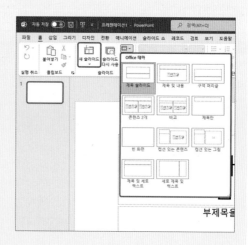

⑤ **새 슬라이드** : 슬라이드 마스터에서 디자인한 레이아웃이 표시됩니다. 파워포인트는 기본적으로 형태가 다른 11개의 레이아웃을 제공합니다. 레이아웃은 사용자의 목적에 맞게 슬라이드 마스터에서 더 만들거나 삭제할 수 있습니다.

핵심기능

20

2010 \ 2013 \ 2016 \ 2019 \ 2021

제목 슬라이드
배경 서식만 변경하기

실습 파일 2장\제목 슬라이드 배경 서식만 변경하기.pptx
완성 파일 2장\제목 슬라이드 배경 서식만 변경하기_완성.pptx

제목 슬라이드 레이아웃 선택하기

01 ❶ [보기] 탭-[마스터 보기] 그룹-[슬라이드 마스터▣]를 클릭해 슬라이드 마스터 보기로 이동합니다. ❷ 슬라이드 축소판 창에서 두 번째 [제목 슬라이드 레이아웃]을 클릭합니다.

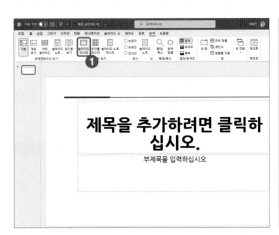 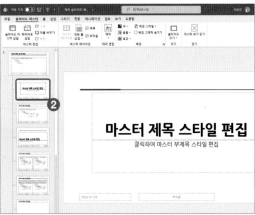

배경 그래픽 숨기기

02 [슬라이드 마스터] 탭-[배경] 그룹-[배경 그래픽 숨기기]에 체크합니다.

➕ [제목 슬라이드 레이아웃]에서 배경 그래픽이 사라집니다.

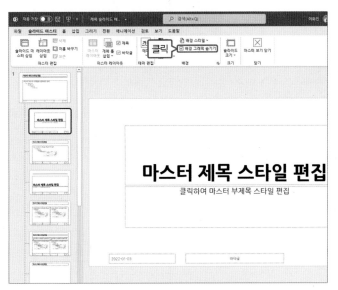

이미지 삽입하기

03 ❶ [삽입] 탭–[이미지] 그룹–[그림]을 클릭하고 ❷ [이 디바이스]를 클릭합니다. ❸ [그림 삽입] 대화상자에서 '아이디어 회의.jpg' 파일을 클릭한 후 ❹ [삽입]을 클릭합니다. 슬라이드 전체에 이미지가 꽉 차게 보입니다.

도형 그리기

04 ❶ [삽입] 탭–[일러스트레이션] 그룹–[도형]을 클릭하고 ❷ [직사각형 □]을 클릭합니다. ❸❹ 슬라이드 좌우에 각각 드래그하여 사각형 도형을 그립니다.

바로 통 하는 TIP 도형 서식은 다음과 같이 지정합니다. [도형 서식] 탭–[크기] 그룹에서 도형의 높이와 너비를 지정할 수 있습니다. 투명도는 [도형 스타일] 그룹에서 [도형 서식 ⬎]을 클릭하면 화면 오른쪽에 나타나는 [도형 서식] 작업 창에서 지정할 수 있습니다.

도형	크기		색상	투명도
왼쪽 사각형	높이	19.05 cm	진한 파랑, 강조1	0%
	너비	3 cm		
오른쪽 사각형	높이	19.05 cm	진한 파랑, 강조1	25%
	너비	19 cm		

텍스트 개체 틀 편집하기

05 ❶ Ctrl을 누른 상태로 이미지와 사각형 두 개를 각각 클릭하여 모두 선택하고 ❷ [도형 서식] 탭-[정렬] 그룹-[뒤로 보내기⬚]의 ⌄을 클릭한 후 ❸ [맨 뒤로 보내기]를 클릭합니다. 제목 레이아웃의 개체 틀이 보입니다. ❹ 제목과 부제목 개체 틀만 남기고 아래 나머지 개체틀은 클릭 후 Delete를 눌러 각각 삭제합니다.

06 개체 틀의 서식과 위치를 변경한 후 내용을 입력하여 제목 슬라이드 레이아웃을 완성합니다.

바로통하는TIP 텍스트 개체 틀의 서식은 다음과 같이 지정합니다.

개체 틀	크기		색상
제목 개체 틀	높이	2.87 cm	흰색, 배경 1
	너비	17.91 cm	
부 제목 개체 틀	높이	1.01 cm	흰색, 배경 1
	너비	17.91 cm	

레이아웃 이름 바꾸기

07 ❶ [슬라이드 마스터] 탭–[마스터 편집] 그룹–[이름 바꾸기]를 클릭합니다. ❷ [레이아웃 이름 바꾸기] 대화상자에서 [레이아웃 이름]을 **표지**로 수정한 후 ❸ [이름 바꾸기]를 클릭합니다. ❹ [슬라이드 마스터] 탭–[닫기] 그룹–[마스터 보기 닫기⊠]를 클릭합니다. 제목 슬라이드의 배경 서식이 변경되었습니다.

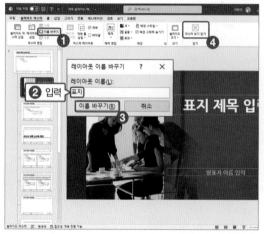

바로 통 하는TIP 슬라이드 마스터에서 변경한 대로 적용되지 않으면 [홈] 탭–[슬라이드] 그룹–[레이아웃▦]을 클릭한 후 [표지]를 클릭합니다.

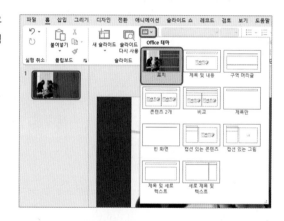

쉽고 빠른 파워포인트 Note | 슬라이드 레이아웃에 텍스트 개체 틀 추가하기

① [슬라이드 마스터] 탭–[마스터 레이아웃] 그룹–[개체 틀 삽입▦]을 클릭한 후 ② [텍스트]를 클릭합니다. ③ 원하는 위치에서 텍스트 개체 틀을 그린 후 서식을 변경하여 사용합니다.

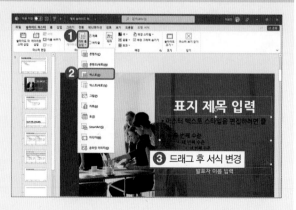

핵심기능

21

서식 변경한 레이아웃을 슬라이드로 사용하기

실습 파일 2장\서식 변경한 레이아웃을 슬라이드로 사용하기.pptx
완성 파일 2장\서식 변경한 레이아웃을 슬라이드로 사용하기_완성.pptx

슬라이드 마스터 닫기

01 [슬라이드 마스터] 탭-[닫기] 그룹-[마스터 보기 닫기⊠]를 클릭합니다. 기본 보기 화면으로 바뀌었습니다.

개체 틀에 텍스트 입력하기

02 ❶ '표지 제목 입력'이 표시된 개체 틀에 **꿈모닝스쿨 소개서**를 입력합니다. ❷ '발표자 이름 입력'이라고 표시된 개체 틀에는 **이화진(꿈모닝스쿨 교장)**를 입력합니다. 표지 슬라이드를 완성합니다.

레이아웃이 다른 슬라이드 추가하기

03 ❶ [홈] 탭-[슬라이드] 그룹-[새 슬라이드 🔲]의 🔽을 클릭하고 ❷ [목차], [간지], [내지], [엔딩], [로고]를 차례대로 클릭합니다.

➕ 차례대로 슬라이드가 추가됩니다.

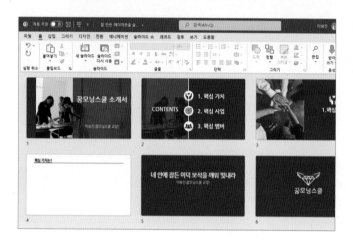

04 추가된 각 슬라이드의 텍스트 개체 틀에 원하는 내용을 입력하여 슬라이드 화면을 완성합니다.

2010 \ 2013 \ 2016 \ 2019 \ 2021

핵심기능

22

슬라이드 번호 삽입하기

실습 파일 2장\슬라이드 번호 삽입하기.pptx
완성 파일 2장\슬라이드 번호 삽입하기_완성.pptx

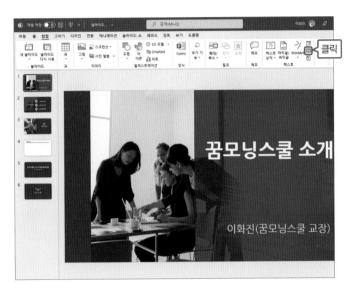

슬라이드에 번호 삽입하기

01 원하는 슬라이드의 위치를 쉽게 찾을 수 있도록 슬라이드에 번호를 넣어보겠습니다. [삽입] 탭-[텍스트] 그룹-[슬라이드 번호 🔲]를 클릭합니다.

➕ [머리글/바닥글] 대화상자가 나타납니다.

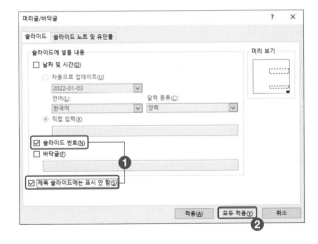

제목 슬라이드에 페이지 번호 표시하지 않기

02 ❶ [머리글/바닥글] 대화상자에서 [슬라이드] 탭-[슬라이드 번호]와 [제목 슬라이드에는 표시 안 함]에 체크하고 ❷ [모두 적용]을 클릭합니다.

첫 번째 제목 슬라이드를 제외한 모든 슬라이드의 오른쪽 아래에 슬라이드 번호가 나타납니다.

▲ 목차 레이아웃   ▲ 목차 슬라이드

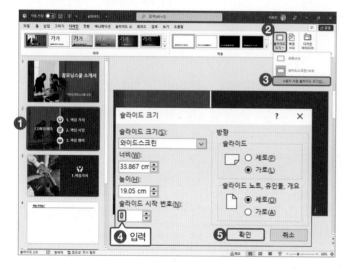

[2번 슬라이드]의 시작 번호가 1이 되도록 수정하기

03 슬라이드 축소판 창을 살펴보면 제목 슬라이드부터 슬라이드 번호가 '1'로 표시되어 [2번 슬라이드]는 '2'로 표시됩니다. [2번 슬라이드]가 '1'로 표시되도록 수정해보겠습니다. ❶ [2번 슬라이드]를 클릭합니다. ❷ [디자인] 탭-[사용자 지정] 그룹-[슬라이드 크기□]를 클릭하고 ❸ [사용자 지정 슬라이드 크기]를 클릭합니다. ❹ [슬라이드 크기] 대화상자에서 [슬라이드 시작 번호]에 **0**을 입력하고 ❺ [확인]을 클릭합니다.

✔ **파워포인트 2010** [디자인] 탭-[페이지 설정] 그룹-[페이지 설정]을 선택한 후 [페이지 설정] 대화상자에서 [슬라이드 시작 번호]에 **0**을 입력하고 [확인]을 클릭합니다.

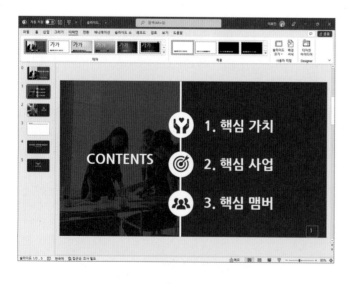

04 [2번 슬라이드]의 오른쪽 아래에 있는 슬라이드 번호가 '1'로 변경되었습니다.

➕ 첫 번째 제목 슬라이드의 슬라이드 번호는 '0' 입니다. 그러나 이번 실습에서는 [제목 슬라이드에는 표시 안 함]에 체크했기 때문에 '0'이 보이지 않습니다.

바로**통**하는**TIP** **슬라이드 번호 서식 변경하기**

[보기] 탭-[마스터 보기] 그룹-[슬라이드 마스터]를 클릭한 후 슬라이드 번호 개체 틀의 서식 및 위치를 변경합니다. 글꼴, 글꼴 크기, 글꼴 색 등을 원하는 대로 변경할 수 있습니다.

핵심기능

23

새 테마 저장하기

실습 파일 2장\새 테마 저장하기.pptx
완성 파일 2장\새 테마 저장하기_완성.pptx

새 테마 저장하기

01 ❶ [디자인] 탭-[테마] 그룹-[자세히▽]를 클릭합니다. ❷ [현재 테마 저장]을 클릭합니다. ❸ [현재 테마 저장] 대화상자에서 [파일 이름]에 **꿈모닝스쿨**을 입력하고 ❹ [저장]을 클릭합니다.

바로통하는TIP 새 테마는 기본적으로 [Microsoft\Templates\Document Themes] 폴더 내에 저장됩니다.

새로 저장한 테마 적용하기

02 새 프레젠테이션을 만들고 [꿈모닝스쿨] 테마를 적용해보겠습니다. ❶ [파일] 탭-[새로 만들기]를 클릭하고 ❷ [새 프레젠테이션]을 클릭합니다. ❸ [디자인] 탭-[테마] 그룹-[자세히▽]를 클릭하고 ❹ [사용자 지정] 항목에서 [꿈모닝스쿨] 테마를 클릭합니다.

03 ❶ [홈] 탭-[새 슬라이드🔲]의 ☑을 클릭하면 ❷ [꿈모닝스쿨] 테마가 적용된 레이아웃을 확인할 수 있습니다.

회사통

혼자 해보기

기존 테마를 활용한 템플릿 만들기

실습 파일 2장\기존 테마를 활용한 템플릿 만들기.pptx
완성 파일 2장\기존 테마를 활용한 템플릿 만들기_완성.pptx

예제 설명 및 완성 화면

프레젠테이션에서 템플릿을 만들어 적용하면 전체적인 디자인에서 통일감을 줄 수 있습니다. 템플릿은 주제에 맞게 처음부터 하나하나 만들면 좋지만 초보자에게는 어려울 수 있으므로 이때는 기본으로 제공되는 테마를 활용하면 좋습니다. 새 프레젠테이션에 테마를 적용한 후 슬라이드 마스터에서 테마 글꼴과 테마 색을 변경합니다. 불필요한 개체를 삭제하고 필요한 개체를 삽입하여 템플릿을 완성합니다. 슬라이드 마스터에서는 필요 없는 레이아웃을 삭제할 수 있습니다. 템플릿에 대표적으로 사용되는 표지와 내지를 만들어보겠습니다.

▲ 표지

나다운 스타일 만들기 3단계

△ △ △   △ △ △

▲ 내지

01 테마 적용하기

새 프레젠테이션에서 [디자인] 탭-[테마] 그룹-[자세히 ▾]를 클릭합니다. 테마 목록에서 [교육 테마]를
클릭합니다. 선택한 테마가 적용됩니다.

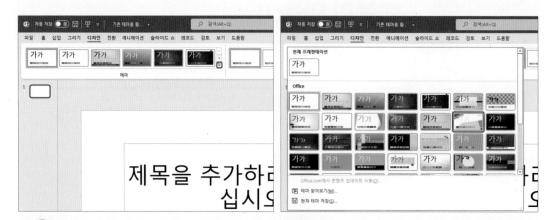

바로 통 하는TIP 테마 목록에 [교육 테마]가 보이지 않는다면 [파일]
탭-[새로 만들기]를 클릭한 후 [온라인 서식 파일 및 테마 검색]에 **교육**
을 입력합니다. 검색된 테마 중 [교육 테마]를 더블클릭합니다.

02 적용된 테마 편집하기

테마를 편집하기 위해 슬라이드 마스터 보기로 이동합니다. [보기] 탭-[마스터 보기] 그룹-[슬라이드
마스터 ▤]를 클릭합니다.

03 테마 글꼴 변경하기

[슬라이드 마스터] 탭-[배경] 그룹-[글꼴 가]을 클릭한 후 [글꼴 사용자 지정]을 클릭합니다. [새 테마
글꼴 만들기] 대화상자에서 다음과 같이 테마 글꼴을 변경합니다. [저장]을 클릭합니다. 테마 글꼴이 적
용된 텍스트의 글꼴이 한번에 변경됩니다.

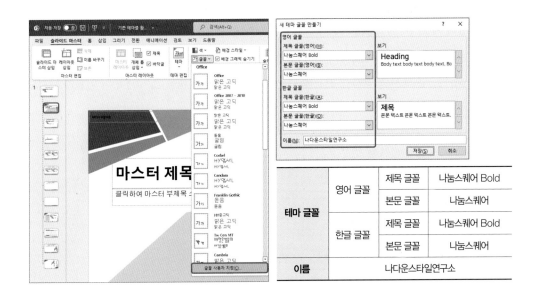

테마 글꼴	영어 글꼴	제목 글꼴	나눔스퀘어 Bold
		본문 글꼴	나눔스퀘어
	한글 글꼴	제목 글꼴	나눔스퀘어 Bold
		본문 글꼴	나눔스퀘어
이름			나다운스타일연구소

04 테마 색 변경하기

[슬라이드 마스터] 탭—[배경] 그룹—[색 ▨]을 클릭한 후 [색 사용자 지정]을 클릭합니다. [새 테마 색 만들기] 대화상자에서 다음과 같이 테마 색을 변경합니다. 테마 색이 적용된 모든 개체의 색이 자동으로 변경됩니다.

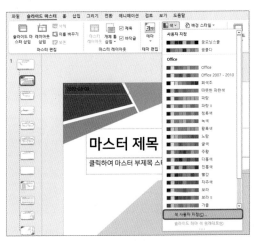

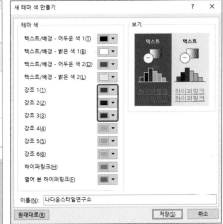

테마 색	강조1	빨강(R) : 237, 녹색(G) : 0, 파랑(B) : 130
	강조2	빨강(R) : 59, 녹색(G) : 35, 파랑(B) : 123
	강조3	빨강(R) : 24, 녹색(G) : 70, 파랑(B) : 156
이름		나다운스타일연구소

05 **사용자 레이아웃 이름 변경하기**

[제목 슬라이드 레이아웃]을 클릭하고 [슬라이드 마스터] 탭-[마스터 편집] 그룹-[이름 바꾸기[▢]]를 클릭하여 레이아웃의 이름을 **표지**로 변경합니다. 같은 방법으로 [제목 및 내용 레이아웃]의 이름을 **내지**로 변경합니다.

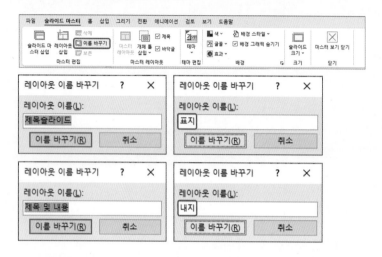

06 **사용자 레이아웃 디자인 변경하기**

슬라이드 축소판 창에서 [표지 레이아웃]을 클릭하여 개체 틀 및 도형을 아래의 그림과 같이 수정합니다. [내지 레이아웃]도 같은 방법으로 레이아웃의 디자인을 변경합니다.

▲ [표지 레이아웃] 변경 전

▲ [표지 레이아웃] 변경 후

▲ [내지 레이아웃] 변경 전

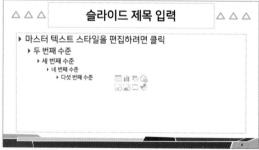

▲ [내지 레이아웃] 변경 후

바로 통 하는 TIP 도형 모양을 자유롭게 변경하려면 도형을 클릭한 후 [도형 서식] 탭-[도형 삽입] 그룹-[도형 편집 🖾]을 클릭하고 [점 편집]을 클릭해 점 편집 모드로 전환합니다. 검은색 조절 핸들을 드래그하여 도형의 모양을 바꿉니다.

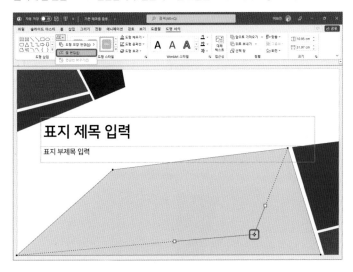

07 슬라이드 마스터 닫기

[표지 레이아웃]과 [내지 레이아웃]을 제외한 나머지 레이아웃은 슬라이드 축소판 창에서 클릭 후 Delete 를 눌러 삭제합니다. [슬라이드 마스터] 탭-[닫기] 그룹-[마스터 보기 닫기 ⊠]를 클릭합니다. 기본 보기 화면으로 돌아옵니다.

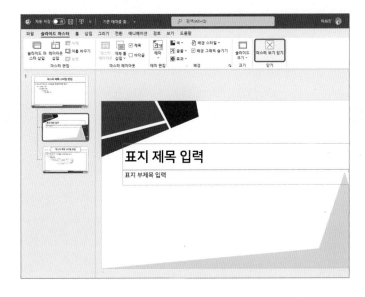

08 사용자 레이아웃으로 슬라이드 추가하기

[홈] 탭–[슬라이드] 그룹–[새 슬라이드📋]의 ⌄을 클릭하고 [내지]를 클릭합니다. 선택한 레이아웃으로 슬라이드가 추가됩니다.

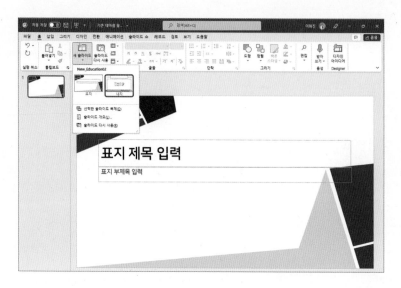

09 개체 틀에 텍스트 입력하여 슬라이드 완성하기

추가한 슬라이드의 개체틀에 내용을 입력합니다. 테마를 적용한 표지, 내지 슬라이드가 완성됩니다.

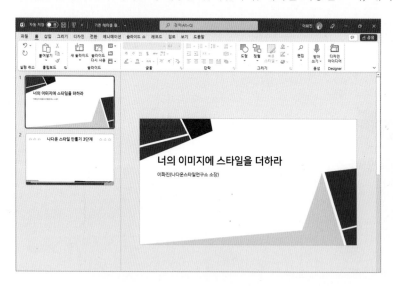

CHAPTER

03

프레젠테이션 내용 작성하고 서식 지정하기

메시지 전달의 가장 기본 요소인 텍스트 작업에 대한 내용을 익혀보겠습니다. 슬라이드에 텍스트를 입력하고 서식을 자유롭게 변경할 수 있습니다. 많은 양의 텍스트를 사용하기보다는 간단명료하고 보기 좋게 정렬하는 것이 중요합니다. 글머리 기호를 활용하고 줄 간격과 단락 간격을 조정해 텍스트를 정렬하는 방법에 대해 알아보겠습니다. 텍스트를 잘 정렬하면 프레젠테이션의 가독성이 높아져 청중이 내용에 쉽게 집중할 수 있습니다.

슬라이드에 텍스트 입력하기

실습 파일 3장\슬라이드에 텍스트 입력하기.pptx
완성 파일 3장\슬라이드에 텍스트 입력하기_완성.pptx

개체 틀에 텍스트 입력하기

01 [1번 슬라이드]의 개체 틀에 텍스트를 입력해보겠습니다. ❶ '표지 제목 입력'이 입력된 개체 틀을 클릭합니다. ❷ 개체 틀에 **꿈모닝스쿨**을 입력합니다.

바로 통하는TIP [1번 슬라이드]에서 '표지 제목 입력'이 입력된 상자가 개체 틀입니다.

바로 통하는TIP 개체 틀에서 텍스트를 편집할 때 사용하는 단축키 알아보기

• Ctrl + Enter : 다음 개체 틀로 이동, 마지막 개체 틀일 경우 새 슬라이드를 생성합니다.
• Tab 또는 Alt + Shift + → : 수준 낮추기
• Tab + Shift 또는 Alt + Shift + ← : 수준 높이기

텍스트 상자에 텍스트 입력하기

02 [2번 슬라이드]에서 '이화진' 위쪽에 또 다른 텍스트 상자를 사용하여 텍스트를 입력해보겠습니다. ❶ 슬라이드 축소판 창에서 [2번 슬라이드]를 선택하고 ❷ [삽입] 탭-[텍스트] 그룹-[텍스트 상자 ▦]의 ▾을 클릭한 후 ❸ [가로 텍스트 상자 그리기]를 클릭합니다.

03 텍스트를 입력할 위치를 클릭한 후 생성되는 텍스트 상자에 **꿈모닝스쿨 교장**을 입력합니다.

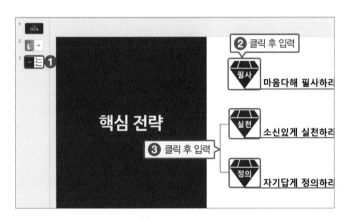

도형에 텍스트 입력하기

04 [3번 슬라이드]의 도형에 텍스트를 입력해보겠습니다. ❶ 슬라이드 축소판 창에서 [3번 슬라이드]를 클릭하고 ❷ 다이아몬드 모양의 도형을 클릭한 후 **필사**를 입력합니다. ❸ 아래쪽 다이아몬드 모양 도형에는 각각 **실천**과 **정의**를 입력하여 완성합니다.

쉽고 빠른 파워포인트 Note | 한자와 특수 문자 입력하기

한자와 특수 문자는 다음과 같은 방법으로 입력할 수 있습니다.

① 한자 입력하기

한자로 변환하고자 하는 단어 뒤에 커서를 둔 후 키보드의 [한자]를 누릅니다. 원하는 한자를 선택하면 한글이 한자로 변경되는 것을 확인할 수 있습니다.

② 특수 문자 입력하기

특수 문자를 입력하려면 [삽입] 탭-[기호] 그룹-[기호Ω]를 클릭한 후 [기호]를 클릭합니다. [기호] 대화상자에서 원하는 기호를 선택한 후 [삽입]을 클릭하면 기호가 입력됩니다. 단축키로 기호를 입력하려면 [Alt]+[N]+[U]를 누릅니다. 단축키를 입력할 때 커서는 텍스트 창 내에 활성화되어 있어야 합니다.

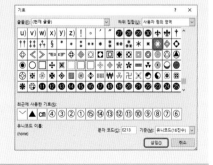

2010 \ 2013 \ 2016 \ 2019 \ 2021

25 글꼴, 글꼴 크기, 글꼴 색 변경하기

실습 파일 3장\글꼴, 글꼴 크기, 글꼴 색 변경하기.pptx
완성 파일 3장\글꼴, 글꼴 크기, 글꼴 색 변경하기_완성.pptx

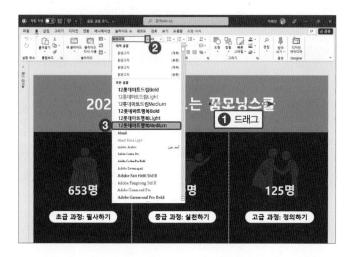

글꼴 변경하기

01 '꿈모닝스쿨'의 글꼴을 변경해 보겠습니다. ❶ '꿈모닝스쿨'을 드래 그하고 ❷ [홈] 탭-[글꼴] 그룹-[글 꼴▽]을 클릭한 후 ❸ [12롯데마트행 복Medium]을 클릭합니다.

➕ '꿈모닝스쿨'이 선택한 글꼴로 변경됩니다.

쉽고 빠른 파워포인트 Note　무료 폰트 다운로드해서 사용하기

윈도우 운영체제에 포함되어 있지 않으나 인터넷에서 무료로 다운로드하여 사용할 수 있는 폰트가 많습니다. 직접 폰트명을 검색할 수도 있지만 무료 한글 폰트 사이트 눈누 (https://noonnu.cc)를 활용하면 원하는 폰트를 더 쉽고 빠르게 찾을 수 있습니다. 해당 사이트에 접속하여 폰트명을 입력해 검색하거나 원하는 문구를 입력하여 제시되는 폰트 중 하나를 선택해 다운로드합니다.

다운로드한 폰트는 컴퓨터에서 [제어판]-[모양 및 개인 설정]-[글꼴] 폴더에 넣어줍니다.

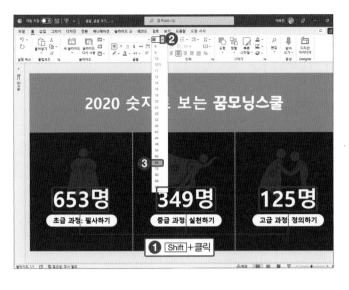

글꼴 크기 변경하기

02 슬라이드에 입력된 내용 중 '653명', '349명', '125명'의 글꼴 크기를 변경해보겠습니다. ❶ Shift 를 누른 상태로 변경하려는 글자를 모두 클릭합니다. ❷ [홈] 탭-[글꼴] 그룹-[글꼴 크기⌄]를 클릭한 후 ❸ [66]을 클릭합니다.

바로 통 하는 TIP 글꼴 크기 조절 단축키

· 글꼴 크게 : Ctrl + Shift + 〉
· 글꼴 작게 : Ctrl + Shift + 〈

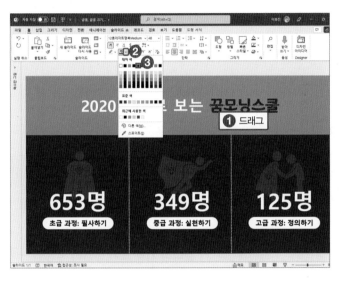

글꼴 색 변경하기

03 ❶ '꿈모닝스쿨'을 드래그하여 선택합니다. ❷ [홈] 탭-[글꼴] 그룹-[글꼴 색⫯]의 ⌄을 클릭하고 ❸ [테마 색]-[진한 파랑, 강조1]을 클릭합니다.

➕ '꿈모닝스쿨'의 색이 변경됩니다.

핵심기능

26

글머리 기호 설정 및 서식 변경하기

실습 파일 3장\글머리 기호 설정 및 서식 변경하기.pptx
완성 파일 3장\글머리 기호 설정 및 서식 변경하기_완성.pptx

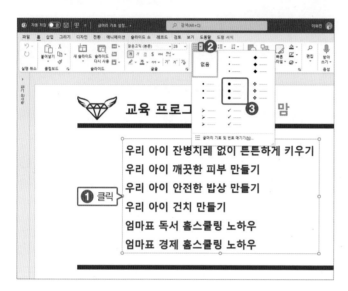

글머리 기호 삽입하기

01 ❶ 여섯 개의 교육 프로그램명이 입력된 텍스트 상자를 클릭합니다. ❷ [홈] 탭-[단락] 그룹-[글머리 기호]의 ▽을 클릭하고 ❸ [속이 찬 큰 둥근 글머리 기호]를 클릭합니다.

⊕ 텍스트 상자 내 여섯 개의 프로그램명 앞에 글머리 기호가 삽입됩니다.

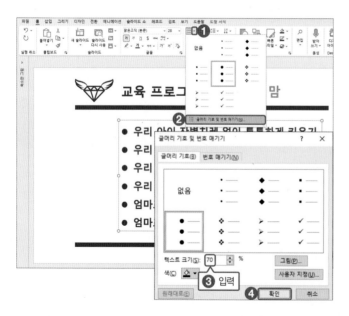

글머리 기호 크기 변경하기

02 ❶ [홈] 탭-[단락] 그룹-[글머리 기호]의 ▽을 클릭하고 ❷ [글머리 기호 및 번호 매기기]를 클릭합니다. ❸ [글머리 기호 및 번호 매기기] 대화상자에서 [텍스트 크기]에 **70**을 입력하고 ❹ [확인]을 클릭합니다.

⊕ 글머리 기호의 크기가 변경됩니다.

다음과 같은 방법으로 글머리 기호를 다양하게 바꿀 수 있습니다.

① 글머리 기호를 그림으로 변경하기

[글머리 기호 및 번호 매기기] 대화상자에서 [글머리 기호] 탭-[그림]을 클릭합니다. [파일에서]를 클릭하고 [그림 삽입] 대화상자에서 원하는 그림을 불러온 후 [확인]을 클릭하면 불러온 그림이 글머리 기호로 삽입됩니다.

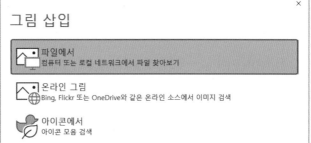

② 글머리 기호를 기호로 변경하기

[글머리 기호 및 번호 매기기] 대화상자에서 [사용자 지정]을 클릭한 후 [기호] 대화상자에서 원하는 기호를 클릭하고 [삽입]을 클릭하면 불러온 기호가 글머리 기호로 삽입됩니다.

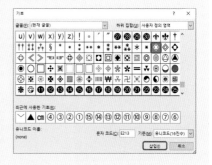

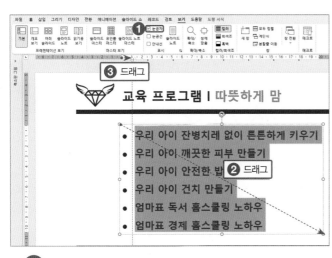

글머리 기호와 텍스트 사이의 간격 조정하기

03 텍스트의 시작 위치를 조절하면 글머리 기호와 텍스트 사이의 간격을 조정할 수 있습니다. ❶ [보기] 탭-[표시] 그룹-[눈금자]에 체크합니다. ❷ 간격을 조정할 텍스트를 드래그하고 ❸ 상단 눈금자에 있는 [내어쓰기 ◻]를 눈금자의 1까지 드래그합니다.

➕ 글머리 기호와 텍스트 사이의 간격이 벌어집니다.

바로 통 하는 TIP 내어쓰기와 들여쓰기 아이콘 알아보기

- **첫 줄 들여쓰기 아이콘(▽)** : 글머리 기호와 번호 매기기의 시작 위치를 지정합니다.
- **내어쓰기 아이콘(△)** : 글머리 기호 뒤의 텍스트 위치를 지정합니다.
- **왼쪽 들여쓰기 아이콘(◻)** : 첫 줄 들여쓰기와 내어쓰기 두 개의 아이콘 간격을 유지한 상태에서 이동할 수 있습니다.

우선 순위 / 한자 해보기 / 프레젠테이션 기본 / 슬라이드 배경 서식 / 내용 작성 & 서식 / 시각화 & 멀티미디어 / 슬라이드 정리 & 저장 / 발표 준비 & 발표

2010 \ 2013 \ 2016 \ 2019 \ 2021

글머리 기호를 번호로 변경하기

실습 파일 3장\글머리 기호를 번호로 변경하기.ppt
완성 파일 3장\글머리 기호를 번호로 변경하기_완성.pptx

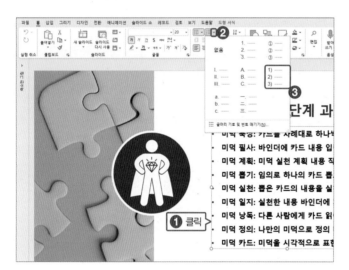

글머리 기호를 번호로 변경하기

01 글머리 기호를 번호로 변경해보겠습니다. ❶아홉 개의 글머리 기호가 적용된 텍스트 상자를 클릭합니다. ❷ [홈] 탭-[단락] 그룹-[번호 매기기☰]의 ⌄을 클릭하고 ❸ [1) 2) 3)]을 클릭합니다.

➕ 글머리 기호가 번호로 변경됩니다.

시작 번호 변경하기

02 '1'부터 시작하는 번호를 '10'부터 시작하도록 변경해보겠습니다. ❶ 텍스트 상자를 클릭합니다. ❷ [홈] 탭-[단락] 그룹-[번호 매기기☰]의 ⌄을 클릭하고 ❸ [글머리 기호 및 번호 매기기]를 클릭합니다.

➕ [글머리 기호 및 번호 매기기] 대화상자가 나타납니다.

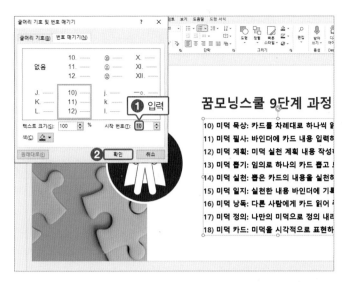

03 ❶ [글머리 기호 및 번호 매기기] 대화상자에서 [번호 매기기] 탭-[시작 번호]에 **10**을 입력한 후 ❷ [확인]을 클릭합니다.

➕ 시작 번호가 '10'으로 변경됩니다.

핵심기능

28

줄 및 단락 간격 조정하기

실습 파일 3장\줄 및 단락 간격 조정하기.pptx
완성 파일 3장\줄 및 단락 간격 조정하기_완성.pptx

줄 간격 넓히기

01 텍스트의 줄 간격을 조정하여 교육 프로그램의 분류와 프로그램별 내용을 보기 좋게 수정해보겠습니다. ❶ 교육 프로그램이 입력된 텍스트 상자를 클릭합니다. ❷ [홈] 탭-[단락] 그룹-[줄 간격 🔳]을 클릭하고 ❸ [1.5]를 클릭합니다. 줄 간격이 넓어집니다.

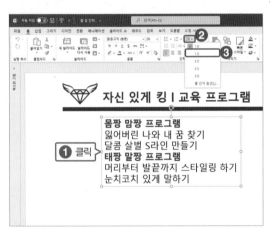
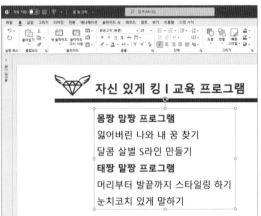

🔵 **바로 통 하는 TIP** 줄 간격은 글꼴의 120% 정도로 설정하면 읽기 편합니다. 줄 간격을 설정하려면 [홈] 탭-[단락] 그룹-[줄 간격]-[줄 간격 옵션]을 클릭합니다. [단락] 대화상자가 나타나면 [들여쓰기 및 간격] 탭-[간격]-[줄 간격]을 [배수]로 선택하고 [값]에 **1.2**를 입력한 후 [확인]을 클릭합니다.

세밀하게 줄 간격 조정하기

02 ❶ 텍스트 상자를 클릭합니다. ❷ [홈] 탭-[단락] 그룹-[줄 간격[≡]]을 클릭하고 ❸ [줄 간격 옵션]을 클릭합니다. ❹ [단락] 대화상자에서 [들여쓰기 및 간격] 탭-[간격]-[줄 간격]을 [고정]으로 선택하고 ❺ [값]에 **45**를 입력한 후 ❻ [확인]을 클릭합니다.

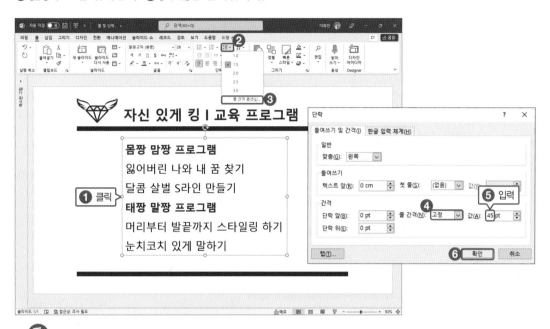

바로통하는TIP [줄 간격]을 [고정]으로 설정하면 포인트(pt) 값으로 세밀하게 조정할 수 있습니다. 값이 글꼴 크기보다 작은 경우 줄이 겹쳐 보일 수 있으므로 주의합니다.

03 텍스트 상자의 줄 간격이 적당하게 줄어들었습니다.

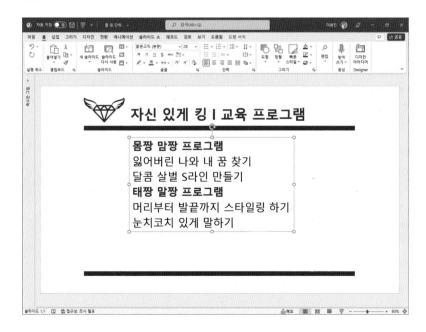

단락 간격 조정하기

04 단락 간격을 조정하여 '몸짱 맘짱 프로그램'과 '태짱 말짱 프로그램'의 하위 항목을 구분하겠습니다. **❶** 텍스트 상자를 클릭합니다. **❷** [홈] 탭-[단락] 그룹-[줄 간격 ▤]을 클릭하고 **❸** [줄 간격 옵션]을 클릭합니다. **❹** [단락] 대화상자에서 [들여쓰기 및 간격] 탭-[간격]-[단락 앞]에 **30**을 입력하고 **❺** [확인]을 클릭합니다.

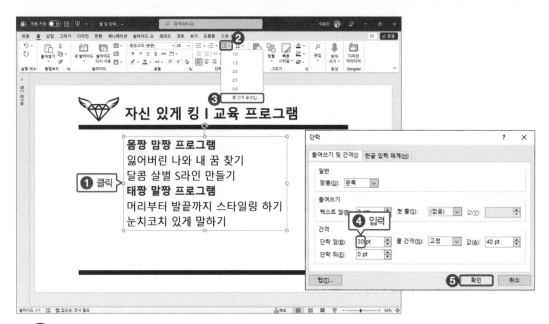

> **바로 통하는 TIP** 선택한 텍스트를 마우스 오른쪽 버튼으로 클릭한 후 [단락]을 클릭해도 [단락] 대화상자가 나타납니다

05 단락 간격이 넓어져 내용이 구분됩니다.

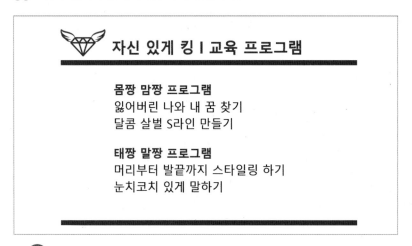

> **바로 통하는 TIP** 줄을 바꾸는 단축키는 Shift + Enter 이고, 단락을 바꾸는 단축키는 Enter 입니다.

2010 \ 2013 \ 2016 \ 2019 \ 2021

목록 수준 조정하기

실습 파일 3장\목록 수준 조정하기.pptx
완성 파일 3장\목록 수준 조정하기_완성.pptx

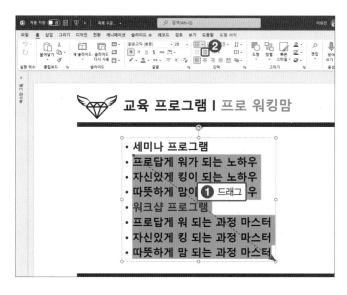

들여쓰기

01 슬라이드 내용이 모두 같은 수준으로 정리되어 있습니다. 목록 수준을 조정하여 제목과 하위 내용을 구분해보겠습니다. **❶** '세미나 프로그램' 아래에 있는 내용을 모두 드래그하여 선택합니다. **❷** [홈] 탭-[단락] 그룹-[목록 수준 늘림]을 클릭합니다.

02 '세미나 프로그램'을 제외한 내용이 한 칸씩 들여쓰기 되었습니다.

 바로 통 하는 TIP 들여쓰기 단축키는 Tab 입니다.

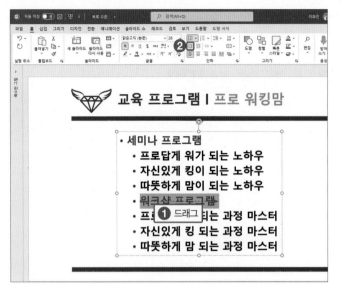

내어쓰기

03 '워크샵 프로그램'은 제목 역할을 하므로 다시 한 칸 앞으로 나오게 하여 아래 내용과 구분해야 합니다. ❶ '워크샵 프로그램'을 드래그합니다. ❷ [홈] 탭-[단락] 그룹-[목록 수준 줄임 ▣]을 클릭합니다.

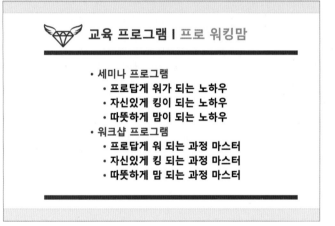

04 '워크샵 프로그램'이 내어쓰기 되었습니다.

바로 통 하는TIP 내어쓰기 단축키는 Shift + Tab 입니다.

핵심기능

30

프레젠테이션 전체 글꼴 한번에 바꾸기

실습 파일 3장\프레젠테이션 전체 글꼴 한번에 바꾸기.pptx
완성 파일 3장\프레젠테이션 전체 글꼴 한번에 바꾸기_완성.pptx

01 프레젠테이션 전체에 바탕 글꼴이 사용되었습니다. 바탕 글꼴을 나눔바른고딕 글꼴로 변경해보겠습니다. ❶ [홈] 탭-[편집] 그룹-[바꾸기]의 ☑을 클릭하고 ❷ [글꼴 바꾸기]를 클릭합니다.

➕ [글꼴 바꾸기] 대화상자가 나타납니다.

바로 통 하는TIP 파워포인트 창의 너비가 좁으면 [편집] 그룹이 별도의 아이콘 메뉴로 표시됩니다.

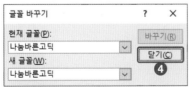

02 ❶ [글꼴 바꾸기] 대화상자에서 [현재 글꼴]을 [바탕]으로 선택하고 ❷ [새 글꼴]을 [나눔바른고딕]으로 선택한 후 ❸ [바꾸기]를 클릭합니다. [현재 글꼴]이 [나눔바른고딕]으로 바뀐 것을 확인할 수 있습니다. ❹ [닫기]를 클릭합니다.

바로 통 하는TIP 나눔바른고딕 글꼴이 컴퓨터에 설치되어 있지 않다면 [새 글꼴]에서 다른 글꼴을 선택해 실습을 진행합니다.

03 프레젠테이션 전체 글꼴이 나눔바른고딕 글꼴로 변경되었습니다.

2010 \ 2013 \ 2016 \ 2019 \ 2021

텍스트를 활용한 슬라이드 디자인하기

실습 파일 3장\텍스트를 활용한 슬라이드 디자인하기.pptx
완성 파일 3장\텍스트를 활용한 슬라이드 디자인하기_완성.pptx

우선 순위

혼자 해보기

프레젠 테이션 기본

슬라 이드 배경 서식

내용 작성 & 서식

시각화 & 멀티 미디어

슬라 이드 정리 & 저장

발표 준비 & 발표

⊕ 예제 설명 및 완성 화면

텍스트는 내용을 전달하는 가장 기본적인 요소입니다. 텍스트가 많은 경우에는 단락 및 줄 간격을 조정하여 내용을 보다 효과적으로 전달할 수 있습니다. 이때 강조하고 싶은 텍스트의 색을 변경해주면 가독성이 높아집니다.

1. 맘 스타일 만들기
   진심으로 바라보는 시선
   따뜻함이 드러난 미소
   상대를 향한 바른 태도

2. 맵 스타일 만들기
   얼굴형에 따른 헤어
   어울리는 컬러 메이크업
   체형에 맞는 패션

3. 말 스타일 만들기
   기억에 남는 스토리
   들리는 스피치
   자연스러운 제스처

01 도형에 텍스트 입력하기

분홍색 사각형을 클릭한 후 **나다운 스타일 만들기(컨설팅 3단계)**를 입력합니다. 입력한 텍스트의 [글꼴 크기]를 [36pt]로 변경하고 [굵게 **가**]를 적용합니다. 도형과 이미지에 어울리는 텍스트가 완성됩니다.

02 번호 매기기

화면 오른쪽 상세 내용에 번호를 매겨 구분해보겠습니다. 텍스트 상자를 클릭하여 선택한 후 [홈] 탭-[단락] 그룹-[번호 매기기 ▦]의 ▾을 클릭하고 목록에서 [1. 2. 3.] 형식을 클릭합니다. 텍스트의 문 단이 바뀌는 지점에 번호가 매겨집니다.

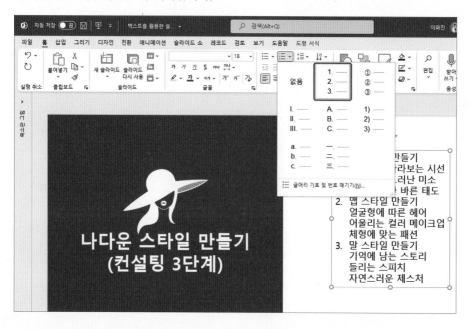

03 글꼴 크기 및 스타일 변경하기

텍스트 상자를 클릭하여 선택한 후 [홈] 탭-[글꼴] 그룹에서 [글꼴 크기]는 [24pt]로 변경하고 [굵게**가**]를 적용합니다. 텍스트의 글꼴 크기와 서식이 한번에 변경됩니다.

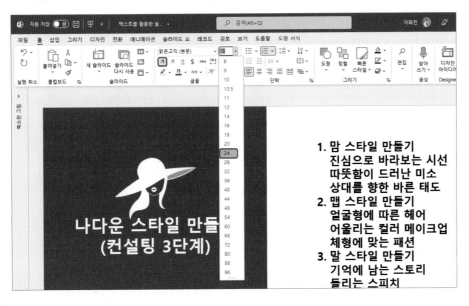

04 글꼴 색 변경하기

'1. 맘 스타일 만들기', '2. 맵 스타일 만들기', '3. 말 스타일 만들기'를 드래그하여 선택합니다. [홈] 탭-[글꼴] 그룹에서 [글꼴 색**가**]의 ☑을 클릭하고 [분홍, 강조 1]을 클릭합니다. 글꼴 색이 사각형과 같은 색으로 변경됩니다.

 떨어져 있는 텍스트를 선택하려면 Ctrl 을 누른 상태에서 드래그합니다.

05 단락 간격 조정하기

내용 구분을 위해 단락 간격을 변경합니다. [홈] 탭-[단락] 그룹-[단락⬚]을 클릭하여 [단락] 대화상자를 불러옵니다. [단락] 대화상자의 [들여쓰기 및 간격] 탭에서 [간격]-[단락 앞]을 [24 pt]로 변경합니다. 읽기 편한 텍스트 화면이 완성됩니다.

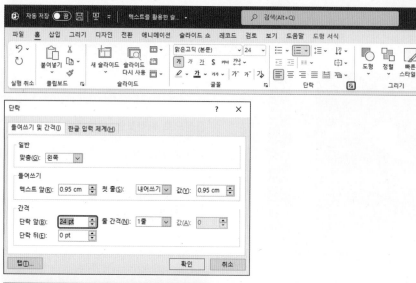

1. 맘 스타일 만들기
   진심으로 바라보는 시선
   따뜻함이 드러난 미소
   상대를 향한 바른 태도

2. 맵 스타일 만들기
   얼굴형에 따른 헤어
   어울리는 컬러 메이크업
   체형에 맞는 패션

3. 말 스타일 만들기
   기억에 남는 스토리
   들리는 스피치
   자연스러운 제스처

04

프레젠테이션 시각화 및 서식 지정하기

프레젠테이션을 위한 슬라이드 작업에서 가장 활용도가 높은 시각화 작업에 대해 알아보겠습니다. 도형, 표, 차트 그림 등의 이미지는 청중이 메시지를 더 쉽게 이해하고 오래도록 기억하게 만드는 필수 요소입니다. 메시지의 도해 표현은 SmartArt 그래픽으로 쉽게 해결할 수 있습니다. 또한 스포이트로 화면에 보이는 색을 추출하여 도형이나 텍스트 개체에 똑같이 적용할 수 있습니다.

정원 그리고 서식 지정하기

실습 파일 4장\정원 그리고 서식 지정하기.pptx
완성 파일 4장\정원 그리고 서식 지정하기_완성.pptx

슬라이드에 정원 그리기

01 '2020 Furniture Interior' 뒤쪽으로 정원을 그려보겠습니다. 먼저 원의 중심 위치를 확인하기 위해 화면에 안내선을 표시합니다. ❶ [보기] 탭-[표시] 그룹-[안내선]에 체크합니다. 가로와 세로 안내선이 나타납니다. 두 개의 안내선이 교차하는 지점이 원의 중심이 되도록 그려보겠습니다. ❷ [삽입] 탭-[일러스트레이션] 그룹-[도형🔘]을 클릭하고 ❸ [타원◯]을 클릭합니다.

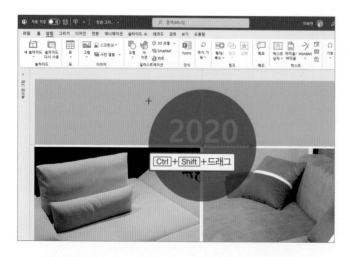

02 Ctrl + Shift 를 누른 상태에서 안내선의 교차점 바깥쪽으로 드래그하여 텍스트를 감싸도록 정원을 그려줍니다.

바로 통 하는TIP 정사각형, 정원과 같이 비율이 일정한 정다각형을 그릴 때는 Shift 를 누른 상태에서 도형을 그리고, 드래그를 시작하는 지점이 도형의 중심이 되게 하려면 Ctrl 을 누른 상태에서 도형을 그립니다. Ctrl 과 Shift 를 같이 누른 상태에서 드래그하면 드래그 시작 지점이 중심인 정다각형이 그려집니다.

도형 순서 바꾸기

03 도형을 텍스트보다 뒤로 보내보겠습니다. ❶ 정원을 클릭합니다. ❷ [도형 서식] 탭-[정렬] 그룹-[뒤로 보내기 🔳]를 클릭합니다. ❸ 한 번 더 [뒤로 보내기 🔳]를 클릭합니다.

➕ 정원이 텍스트보다 뒤로 보내지면서 텍스트가 나타납니다.

도형 채우기 및 윤곽선 변경하기

04 도형의 채우기 색과 윤곽선을 변경해보겠습니다. ❶ 정원을 클릭합니다. ❷ [도형 서식] 탭-[도형 스타일] 그룹-[도형 채우기 🖾]의 ▾을 클릭하고 ❸ [진한 보라, 강조 2]를 클릭합니다. ❹ [도형 서식] 탭-[도형 스타일] 그룹-[도형 윤곽선 🖾]의 ▾을 클릭합니다. ❺ [흰색, 배경1]을 클릭하고 ❻ [두께]-[6pt]를 클릭합니다. 정원의 채우기 색과 윤곽선 서식이 변경됩니다.

쉽고 빠른 파워포인트 Note / 같은 도형을 반복해서 그리기

같은 도형을 반복해서 그릴 때는 그리려고 하는 도형 위에서 마우스 오른쪽 버튼을 클릭한 후 [그리기 잠금 모드]를 클릭하여 실행합니다. 선택한 도형이 반복적으로 그려지는 것을 확인할 수 있습니다. 해제하려면 Esc 를 누릅니다.

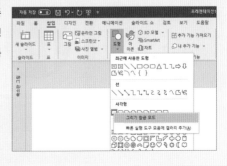

우선
순위

혼자
해보기

프레젠
테이션
기분

슬라
이드
배경
서식

내용
작성
&
서식

시각화
&
멀티
미디어

슬라
이드
정리
&
저장

발표
준비
&
발표

2010 \ 2013 \ 2016 \ 2019 \ 2021

여러 도형을 병합하여
새로운 도형 만들기

실습 파일   4장\여러 도형을 병합하여 새로운 도형 만들기.pptx
완성 파일   4장\여러 도형을 병합하여 새로운 도형 만들기_완성.pptx

도형 다중 선택하기

01 집 모양을 이루고 있는 삼각형과 직사각형을 선택해보겠습니다. Ctrl을 누른 상태에서 다중 선택합니다.

바로 통 하는 TIP 도형을 다중 선택할 때는 Shift를 눌러도 됩니다.

파워포인트 2010 [파일] 탭-[옵션]을 클릭합니다. [PowerPoint 옵션] 대화상자에서 [빠른 실행 도구 모음]을 클릭한 후 [다음에서 명령 선택]에서 [리본 메뉴에 없는 명령]을 선택합니다. [셰이프 결합], [셰이프 교차], [셰이프 병합], [셰이프 빼기]를 찾아 빠른 실행 도구 모음에 추가한 후 실습을 진행합니다.

도형 병합하기

02 ❶ [도형 서식] 탭-[도형 삽입] 그룹-[도형 병합 ◎]을 클릭하고 ❷ [통합]을 클릭합니다.

➕ 삼각형과 직사각형이 병합되어 집 모양 도형으로 변경됩니다.

바로 통 하는 TIP 도형 병합 작업에서는 다중 선택할 때 가장 먼저 선택한 도형의 서식을 따릅니다. 흰색 집 모양을 만들기 위해서는 흰색 삼각형을 먼저 선택해야 합니다.

03 ❶ Ctrl 을 누른 상태에서 H 모양을 이루고 있는 직사각형 세 개를 각각 선택한 후 ❷ [도형 서식] 탭–[도형 삽입] 그룹–[도형 병합 ◎]을 클릭하고 ❸ [통합]을 클릭합니다.

➕ 세 개의 직사각형이 병합되어 H 모양 도형으로 변경됩니다.

도형 빼기

04 ❶ 집 모양 도형에서 원 모양을 빼기 위해 Ctrl 을 누른 상태에서 두 개의 도형을 각각 선택한 후 ❷ [도형 서식] 탭–[도형 삽입] 그룹–[도형 병합 ◎]을 클릭하고 ❸ [빼기]를 클릭합니다.

➕ 원 도형은 삭제되고 집 모양에서 원 모양이 빠진 도형이 완성됩니다.

바로 통 하는 TIP [도형 병합]의 [빼기]는 먼저 선택한 도형에서 나중에 선택한 도형의 모양을 뺍니다. 따라서 여기에서는 집 모양을 먼저 선택한 후 원을 선택해야합니다.

05 H 모양의 도형을 하나 복사한 후 그림과 같이 화면을 완성합니다.

바로 통 하는 TIP 수평 또는 수직으로 도형을 복사하려면 Ctrl + Shift 를 누른 상태로 도형을 드래그합니다.

도형 크기 변경하고
수직 복사하기

2010 \ 2013 \ 2016 \ 2019 \ 2021

실습 파일 4장\도형 크기 변경하고 수직 복사하기.pptx
완성 파일 4장\도형 크기 변경하고 수직 복사하기_완성.pptx

도형 크기 변경하기

01 ❶ 모서리가 둥근 사각형을 클릭합니다. ❷ 오른쪽 테두리 선 중간의 크기 조절 핸들○을 오른쪽으로 드래그하여 가로 크기를 늘립니다. 도형의 가로 크기가 늘어나 텍스트가 사각형 안쪽으로 배치됩니다.

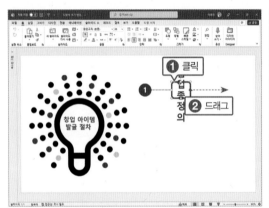

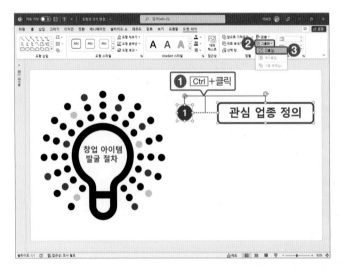

여러 개체 그룹하기

02 그룹으로 묶고 싶은 개체를 선택합니다. ❶ Ctrl 을 누른 상태에서 1번 동그라미, 가로 점선, 텍스트가 입력된 모서리가 둥근 직사각형을 클릭합니다. ❷ [도형 서식] 탭-[정렬] 그룹-[그룹화 回]를 클릭한 후 ❸ [그룹]을 클릭합니다.

➕ 세 개의 개체가 하나의 개체처럼 그룹화됩니다.

개체 수직 복사하기

03 ❶ 복사할 개체를 클릭한 후 ❷ Ctrl + Shift 를 누른 상태에서 아래로 드래그합니다. ❸ 같은 방식으로 두 번 더 개체를 수직 복사한 후 ❹ 그림과 같이 내용을 변경하여 슬라이드를 완성합니다.

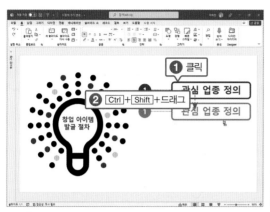 

바로 통 하는 TIP 도형을 복사하려면 Ctrl 을 누른 상태에서 드래그하고, 수직이나 수평으로 이동하려면 Shift 를 함께 누릅니다. 개체를 선택한 후 Ctrl 과 Shift 를 함께 누른 상태에서 드래그하면 수평이나 수직으로 이동하면서 개체가 복사됩니다.

쉽고 빠른 파워포인트 Note / 도형 모양, 크기, 회전 조절 핸들

도형을 변형할 수 있는 핸들의 종류는 다음과 같습니다.

① **모양 조절 핸들(●)** : 도형의 모양을 변경할 수 있습니다.

② **크기 조절 핸들(○)** : 도형의 크기를 조절할 수 있습니다. 도형마다 여덟 개의 핸들이 있습니다.

③ **회전 조절 핸들(◌)** : 도형을 회전할 수 있습니다. Shift 를 누른 상태로 드래그하면 15도씩 회전합니다.

2010 \ 2013 \ 2016 \ 2019 \ 2021

균등한 간격으로 도형 정렬하기

실습 파일 4장\균등한 간격으로 도형 정렬하기.pptx
완성 파일 4장\균등한 간격으로 도형 정렬하기_완성.pptx

스마트 가이드로 도형 배치하기

01 ❶ '가정'이 입력된 사각형을 '따뜻하게 품어라'가 입력된 도형과 가운데 맞춤하여 배치합니다. 드래그할 때 자동으로 나타나는 스마트 가이드를 확인할 수 있습니다. ❷ '자아'가 입력된 사각형을 '가정'이 입력된 사각형과 동일한 높이로 맞추고 '자기 답게 살아라'가 입력된 도형과 가운데 맞춤하여 배치합니다.

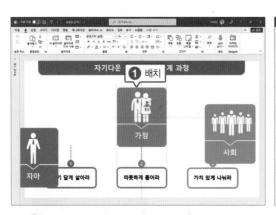 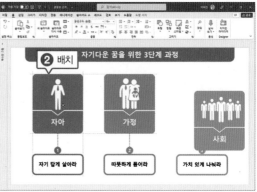

바로 통하는 TIP 맞추기 옵션을 일시적으로 무시하려면 Alt 를 누른 상태로 개체를 드래그합니다.

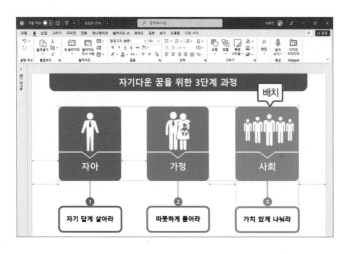

02 '사회'가 입력된 사각형을 다른 사각형과 동일한 높이로 맞추고 '가치 있게 나눠라'가 입력된 도형 위에 배치합니다.

바로 통하는 TIP 스마트 가이드 표시 해제하기

스마트 가이드 표시를 해제하려면 [보기] 탭-[표시] 그룹-[눈금 설정 🖎]을 클릭합니다. [눈금 및 안내선] 대화상자가 나타나면 [도형 맞춤 시 스마트 가이드 표시]의 체크를 해제합니다.

핵심기능

35

스포이트로 색을 추출해 도형에 적용하기

실습 파일 4장\스포이트로 색을 추출해 도형에 적용하기.pptxt
완성 파일 4장\스포이트로 색을 추출해 도형에 적용하기_완성.pptx

스포이트 선택하기

01 슬라이드에 배치한 이미지에서 특정 색을 추출해 도형의 배경색으로 적용해보겠습니다. ❶ 색을 적용할 도형을 클릭합니다. ❷ [도형 서식] 탭-[도형 스타일] 그룹-[도형 채우기]의 ▾을 클릭하고 ❸ [스포이트]를 클릭합니다.

➕ 마우스 포인터가 스포이트 모양으로 바뀌어 슬라이드 창에서 색을 추출할 준비가 됩니다.

색 추출하기

02 원하는 색이 있는 곳에 스포이트를 가져간 후 클릭합니다. 추출한 색이 도형에 적용됩니다.

바로통하는TIP 색 위에 마우스 포인터를 올려놓으면 RGB(빨강, 녹색, 파랑) 색 좌표와 간략한 색 이름을 확인할 수 있습니다. 색을 추출할 때 마우스 왼쪽 버튼을 누르지 않고 Enter나 Spacebar를 눌러도 됩니다.

바로통하는TIP 슬라이드 화면 밖에 있는 색을 추출하려면 마우스 왼쪽 버튼을 클릭한 상태에서 추출하고자 하는 색이 있는 곳으로 스포이트를 드래그합니다. 마우스 왼쪽 버튼을 놓으면 색이 추출됩니다.

우선 순위

혼자 해보기

프레젠 테이션 기본

슬라 이드 배경 서식

내용 작성 & 서식

시각화 & 멀티 미디어

슬라 이드 정리 & 저장

발표 준비 & 발표

핵심기능

36

도형 서식을 다른 도형에
똑같이 적용하기

실습 파일 4장\도형 서식을 다른 도형에 똑같이 적용하기.pptx
완성 파일 4장\도형 서식을 다른 도형에 똑같이 적용하기_완성.pptx

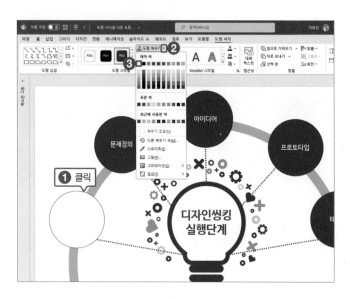

도형 채우기

01 ❶ '공감' 텍스트가 입력된 원을 클릭합니다. ❷ [도형 서식] 탭–[도형 스타일] 그룹–[도형 채우기🖾]의 ☑을 클릭하고 ❸ [흰색, 배경 1]을 클릭합니다.

➕ 원이 흰색으로 채워집니다. 흰색 텍스트는 보이지 않게 됩니다.

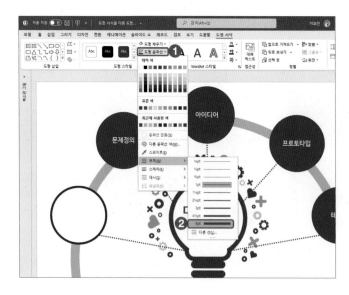

도형 윤곽선 변경하기

02 ❶ [도형 서식] 탭–[도형 스타일] 그룹–[도형 윤곽선🖾]의 ☑을 클릭하고 ❷ [두께]–[6pt]를 클릭합니다.

➕ 원의 윤곽선이 두껍게 변경됩니다.

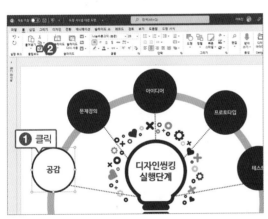

글꼴 서식 변경하기

03 ❶ [홈] 탭-[글꼴] 그룹-[글꼴 색 **가**]의 ☑을 클릭하고 ❷ [진한 파 랑, 강조 1]을 클릭한 후 ❸ [글꼴 크 기]는 [28pt]로 설정합니다. ❹ [굵게 **가**]를 클릭하여 텍스트를 굵게 표시 합니다.

➕ 흰색 원에서 텍스트가 강조되도록 글꼴 서식이 변경됩니다.

도형 서식 복사하고 붙여넣기

04 ❶ 서식이 변경된 도형을 클릭하고 ❷ [홈] 탭-[클립보드] 그룹-[서식 복사 ⚙]를 클릭합니다. 마우 스 포인터가 페인트 붓 모양 ▷▲으로 바뀝니다. ❸ 서식을 붙여 넣을 개체를 클릭합니다. 복사한 서식이 한번에 적용됩니다.

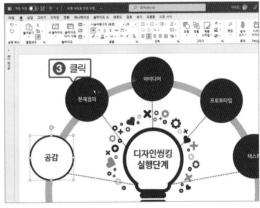

05 나머지 개체에도 같은 방법으 로 도형 서식을 적용합니다.

바로 **통**하는 **TIP** 도형 서식 명령을 여러 개체에 반복 실행하려면 [서식 복사 ⚙]를 더블클릭합니 다. 서식 복사를 중지하려면 Esc 를 누릅니다.

우선
순위

혼자
해보기

프레젠
테이션
기본

슬라
이드
배경
서식

내용
작성
&
서식

시각화
&
멀티
미디어

슬라
이드
정리
&
저장

발표
준비
&
발표

2010 \ 2013 \ 2016 \ 2019 \ 2021

평면 도형을
입체 도형으로 만들기

실습 파일 4장\평면 도형을 입체 도형으로 만들기.pptx
완성 파일 4장\평면 도형을 입체 도형으로 만들기_완성.pptx

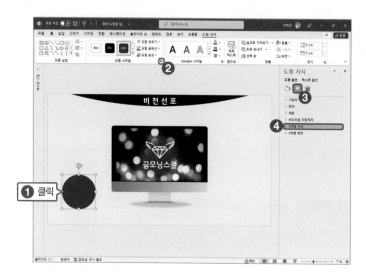

[도형 서식] 작업 창에서 입체 효과 적용하기

01 ❶ 슬라이드 창에서 정원을 클릭합니다. ❷ [도형 서식] 탭-[도형 스타일] 그룹-[도형 서식🡖]을 클릭합니다. ❸ 화면 오른쪽에 [도형 서식] 작업 창이 나타나면 [효과🖼]를 클릭하고 ❹ [3차원 서식]을 클릭합니다.

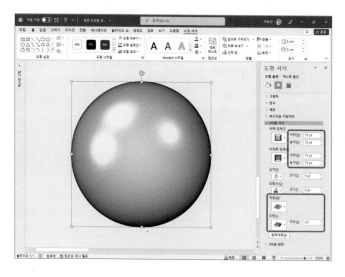

02 입체 효과를 그림과 같이 설정합니다.

➕ 정원에 3차원 서식이 적용됩니다.

바로 통 하는TIP 도형 서식을 다음과 같이 설정합니다.

위쪽 입체	너비	75 pt
	높이	75 pt
아래쪽 입체	너비	75 pt
	높이	75 pt
재질	투명하게	
조명	퍼지게	
	각도	45˚

그림자 적용하기

03 ❶ [도형 서식] 작업 창에서 [효과⬠]의 [그림자]를 클릭합니다. ❷ [미리 설정]을 클릭하고 ❸ [원근감]–[원근감: 아래▣]를 클릭합니다.

➕ 도형 아래에 그림자가 나타납니다.

도형 복사 후 그림으로 붙여넣기

04 ❶ 입체 효과가 적용된 도형을 마우스 오른쪽 버튼을 클릭한 후 ❷ [복사]를 클릭합니다. ❸ 슬라이드 창에서 마우스 오른쪽 버튼을 클릭합니다. ❹ [붙여넣기 옵션]에서 [그림🖼]을 클릭합니다. 구 모양 입체 도형이 PNG 형식으로 붙여 넣어집니다.

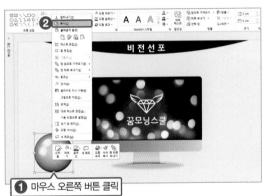

도형 크기 줄이고 복사하기

05 ❶ 붙여 넣은 도형을 클릭합니다. ❷ Ctrl + Shift 를 누른 상태에서 꼭지점의 크기 조절 핸들○ 중 하나를 안쪽으로 드래그합니다. 도형 위치는 유지되면서 크기만 작아집니다. ❸ Ctrl 을 누른 상태에서 도형을 복사할 위치로 드래그하면 도형이 복사되어 이동합니다.

우선
순위

혼자
해보기

프레젠
테이션
기본

슬라
이드
배경
서식

내용
작성
&
서식

시각화
&
멀티
미디어

슬라
이드
정리
&
저장

발표
준비
&
발표

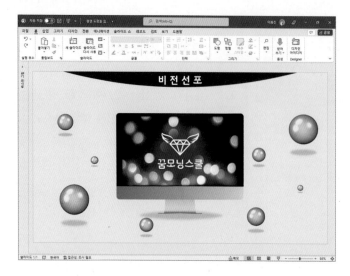

06 복사한 입체 도형을 배치하여
화면을 완성합니다.

2010 \ 2013 \ 2016 \ 2019 \ 2021

우선
순위

혼자
해보기

프레젠
테이션
기본

슬라
이드
배경
서식

내용
작성
&
서식

시각화
&
멀티
미디어

슬라
이드
정리
&
저장

발표
준비
&
발표

회사통

혼자
해보기

도형을 활용한 슬라이드 디자인하기

실습 파일 4장\도형을 활용한 슬라이드 디자인하기.pptx
완성 파일 4장\도형을 활용한 슬라이드 디자인하기_완성.pptx

⊕ 예제 설명 및 완성 화면

계층 구조를 시각적으로 표현할 때 도형을 선으로 연결하는 방식을 많이 사용합니다. 이때 도형 병합 기능을 활용하면 좀 더 다양한 도형을 만들 수 있습니다. 상위 개념 도형과 하위 개념 도형, 그리고 그 사이를 연결하는 도형을 그린 후 하나의 도형으로 합칩니다. 두 개 이상의 도형을 하나로 합치려면 통합 기능을 사용하고, 하나의 개체에서 다른 개체와 겹치는 부분을 빼고 싶으면 빼기 기능을 사용합니다. 직선과 곡선이 함께 있는 선을 표현할 때는 자유형으로 선을 그린 후 점 편집으로 곡선 부분을 수정합니다. 머릿속으로 상상할 수 있는 대부분의 도형은 파워포인트의 도형 병합과 점 편집으로 그릴 수 있습니다.

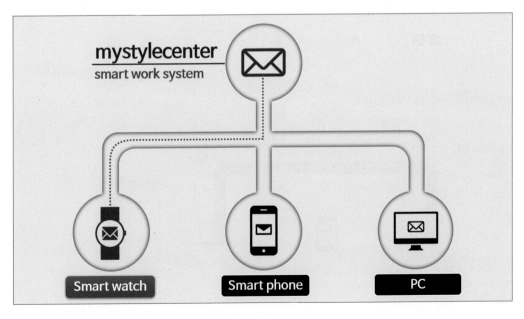

01 도형 겹치기

[삽입] 탭-[일러스트레이션] 그룹-[도형 🔘]을 클릭합니다. [사각형 : 둥근 위쪽 모서리 ◻]를 클릭하고
슬라이드 창에서 드래그하여 크기가 다른 사각형 두 개를 그린 후 겹쳐놓습니다.

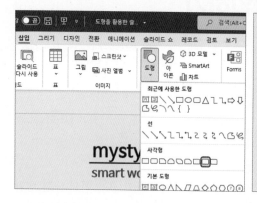 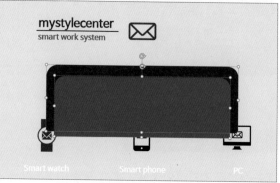

02 도형 빼기

큰 도형에서 작은 도형을 빼기 위해 큰 도형을 클릭한 후 Ctrl 을 누른 상태로 작은 도형을 클릭합니다.
[도형 서식] 탭-[도형 삽입] 그룹-[도형 병합 🔘]을 클릭하고 [빼기]를 클릭합니다. 도형이 병합되며 큰
도형에서 작은 도형을 뺀 부분만 남습니다.

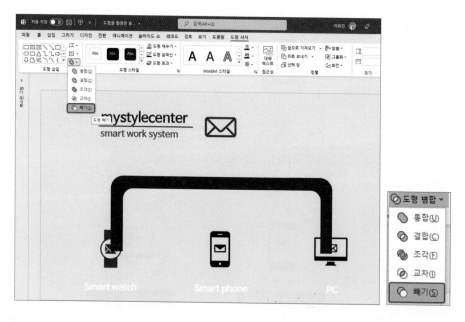

03 표현 방식에 맞춰 도형 그리기

중앙에 세로가 긴 직사각형을 그리고 각각의 아이콘이 위치할 자리에는 정원을 그려줍니다. [삽입] 탭-[일러스트레이션] 그룹-[도형⬡]을 클릭합니다. [직사각형□]과 [타원○]을 클릭하여 가운데 길과 정원을 각각 그려줍니다. 계층 구조가 시각적으로 표현됩니다.

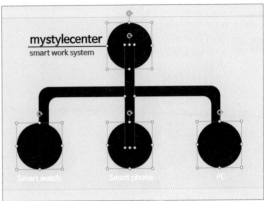

04 도형 합치기

그린 도형을 하나로 합치기 위해 Ctrl을 누른 상태로 도형을 모두 클릭한 후 [도형 서식] 탭-[도형 삽입] 그룹-[도형 병합⬡]을 클릭하고 [통합]을 클릭합니다. 선택한 도형이 한 개의 도형으로 병합됩니다.

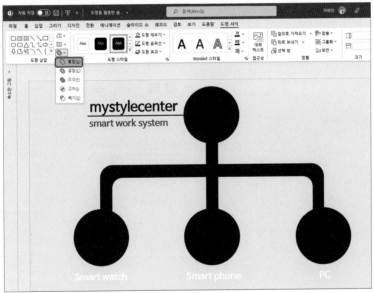

05 색 추출하여 도형에 적용하기

병합된 도형을 클릭합니다. [도형 서식] 탭-[도형 스타일] 그룹-[도형 채우기 ⬛]의 ⌄을 클릭하고 [스 포이트]를 클릭합니다. 마우스 포인터가 스포이트 모양 ⬚ 으로 바뀌면 슬라이드 회색 배경에서 마우스 왼쪽 버튼을 클릭합니다. 회색 배경과 동일한 색이 도형에 적용됩니다.

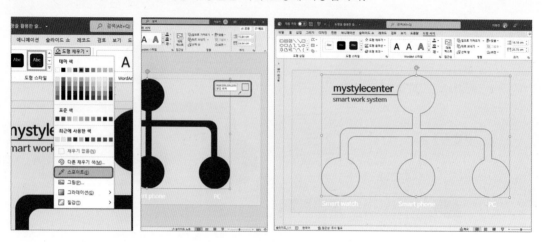

06 그림자 효과 적용하고 윤곽선 없애기

[도형 서식] 탭-[도형 스타일] 그룹-[도형 효과 ⬛]를 클릭하고 [그림자]-[안쪽 : 가운데]를 클릭합니 다. 도형의 윤곽선을 없애기 위해 [도형 서식] 탭-[도형 스타일] 그룹-[도형 윤곽선 ⬛]의 ⌄을 클릭하 고 [윤곽선 없음]을 클릭합니다. 도형에 그림자가 적용되고 윤곽선이 사라집니다.

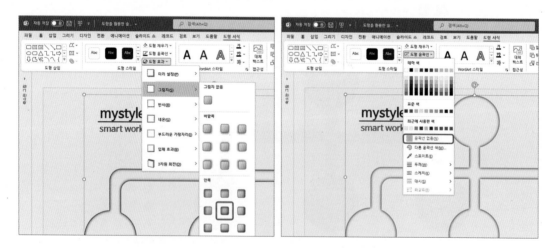

07 도형 순서 변경하기

[도형 서식] 탭-[정렬] 그룹-[뒤로 보내기▣]의 ☑을 클릭하고 [맨 뒤로 보내기]를 클릭합니다. 병합된 도형이 맨 뒤로 정렬되어 아이콘이 나타납니다.

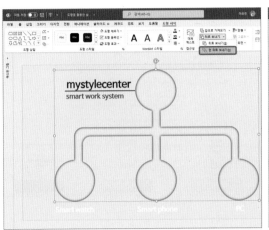
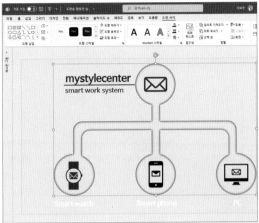

08 도형 스타일 적용하기

아래쪽에 있는 세 개의 텍스트 상자 중 'Smart watch'가 입력된 텍스트 상자를 클릭한 후 [도형 서식] 탭-[도형 스타일] 그룹-[자세히☑]를 클릭합니다. 도형 스타일 목록에서 [강한 효과-진한 파랑, 강조 2]를 클릭합니다. 남은 두 개의 텍스트 상자에는 [밝은 색 1 윤곽선, 색 채우기-검정, 어둡게 1]을 적용합니다. 텍스트 상자에 도형 스타일이 적용되어 색이 다른 텍스트 상자가 강조됩니다.

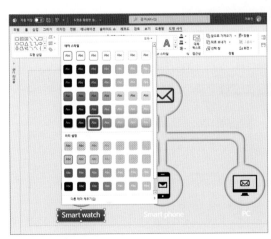
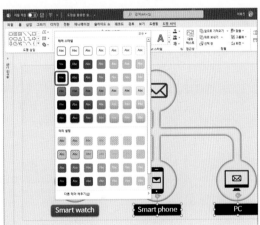

09 자유형 선 만들기

상위 개념과 하위 개념을 연결하는 선을 그려보겠습니다. [삽입] 탭-[일러스트레이션] 그룹-[도형🔲]을 클릭하고 [선]-[자유형 : 도형🖉]을 클릭합니다. 도형 모양에 맞게 화면을 클릭해가며 선을 그립니다. 아래와 같이 선을 그린 후 Esc 를 눌러 연결선을 완성합니다.

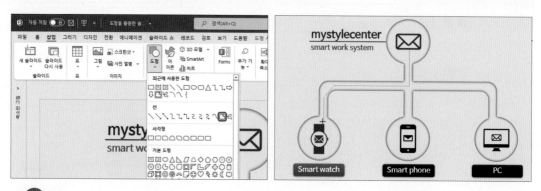

바로 통하는 TIP [자유형 : 도형🖉]으로 수평선 또는 수직선을 그리고 싶을 때는 Shift 를 누른 상태로 화면을 클릭합니다.

10 곡선 만들기

[도형 서식] 탭-[도형 삽입] 그룹-[도형 편집📐]을 클릭하고 [점 편집]을 클릭합니다. 검은색 조절 핸들을 클릭하면 표시되는 흰색 조절 핸들을 드래그해 직선을 곡선으로 만들어줍니다. 연결선을 더욱 자연스럽게 표현할 수 있습니다.

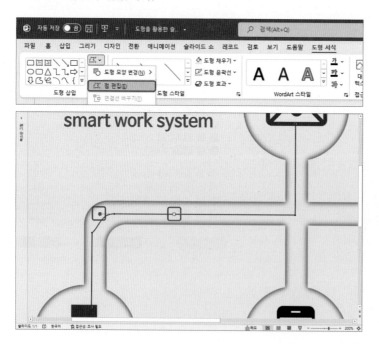

11 선을 점선으로 변경하기

[도형 서식] 탭-[도형 스타일] 그룹-[도형 윤곽선⬛]의 ⬇을 클릭하고 [두께]는 [3pt], [대시]는 [둥근 점선]을 클릭합니다. 색을 변경하기 위해 다시 [도형 윤곽선⬛]의 ⬇을 클릭하고 [진한 파랑, 강조 2]를 클릭합니다. 계층 구조를 시각적으로 표현한 슬라이드가 완성됩니다.

2010 \ 2013 \ 2016 \ 2019 \ 2021

SmartArt 그래픽 삽입 후 텍스트 입력하기

실습 파일 4장\SmartArt 그래픽 삽입 후 텍스트 입력하기.pptx
완성 파일 4장\SmartArt 그래픽 삽입 후 텍스트 입력하기_완성.pptx

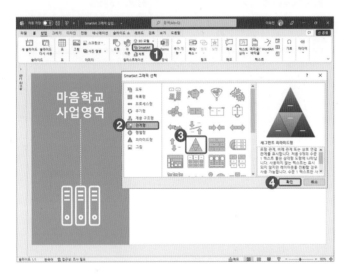

SmartArt 그래픽 삽입하기

01 ❶ [삽입] 탭-[일러스트레이션] 그룹-[SmartArt ▨]를 클릭합니다. ❷ [SmartArt 그래픽 선택] 대화상자에서 [관계형]을 클릭합니다. ❸ [세그먼트 피라미드형]을 클릭합니다. ❹ [확인]을 클릭합니다.

➕ 슬라이드 창에 선택한 SmartArt 그래픽이 삽입됩니다.

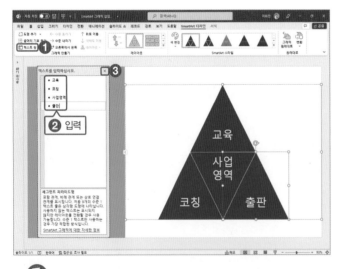

SmartArt 그래픽에 텍스트 입력하기

02 삽입한 SmartArt 그래픽에 텍스트를 입력해보겠습니다. ❶ [SmartArt 디자인] 탭-[그래픽 만들기] 그룹-[텍스트 창 ▨]을 클릭합니다. ❷ 텍스트 창이 표시되면 **교육, 코칭, 사업 영역, 출판**을 각각 입력합니다. ❸ 텍스트가 자동으로 SmartArt 그래픽에 표시되면 텍스트 창에서 [닫기 ☒]를 클릭합니다.

➕ SmartArt 그래픽이 완성됩니다.

바로 통하는 TIP 텍스트 창을 나타내려면 SmartArt 그래픽 왼쪽 중간에 있는 화살표(◁)를 클릭해도 됩니다. 텍스트 창을 여는 대신 SmartArt 그래픽의 도형을 선택한 후 텍스트를 직접 입력할 수도 있습니다.

핵심기능

39

SmartArt 그래픽 서식 변경하기

실습 파일 4장\SmartArt 그래픽 서식 변경하기.pptx
완성 파일 4장\SmartArt 그래픽 서식 변경하기_완성.pptx

SmartArt 그래픽의 색 변경하기

01 ❶ 슬라이드에 삽입된 SmartArt 그래픽을 클릭합니다. ❷ [SmartArt 디자인] 탭-[SmartArt 스타일] 그룹-[색 변경⊞]을 클릭하고 ❸ [강조 4]-[색 채우기-강조 4]를 클릭합니다.

➕ SmartArt 그래픽 전체 색상이 변경됩니다.

SmartArt 그래픽의 전체 텍스트 색과 굵기 변경하기

02 ❶ 슬라이드에 삽입된 SmartArt 그래픽을 클릭합니다. ❷ [홈] 탭-[글꼴] 그룹-[글꼴 색[가]]의 ▾을 클릭하고 ❸ [진한 파랑, 강조 1]을 클릭합니다. ❹ [굵게[가]]를 클릭하여 텍스트를 굵게 만듭니다.

➕ SmartArt 그래픽 전체 글꼴 서식이 변경됩니다.

우선
순위

혼자
해보기

프레젠
테이션
기본

슬라
이드
배경
서식

내용
작성
&
서식

시각화
&
멀티
미디어

슬라
이드
정리
&
저장

발표
준비
&
발표

개별 개체 서식 변경하기

03 ❶ 도형의 모양을 변경하기 위해 '4P 전략'이라고 입력된 모서리가 둥근 직사각형을 클릭합니다. ❷ [서식] 탭-[도형] 그룹-[도형 모양 변경 ▣]을 클릭한 후 ❸ [다이아몬드◇]를 클릭합니다.

➕ 모서리가 둥근 직사각형이 다이아몬드 모양으로 변경됩니다.

04 다이아몬드 도형의 크기를 늘여보겠습니다. ❶ 다이아몬드 도형을 클릭합니다. ❷ 오른쪽 상단의 크기 조절 핸들○을 Ctrl + Shift 를 누른 상태에서 바깥쪽으로 드래그합니다. 중심을 기준으로 하여 일정한 비율로 도형의 크기가 커집니다.

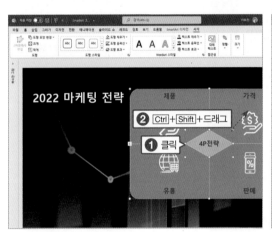

05 다이아몬드 도형의 색상을 변경합니다. ❶ [서식] 탭-[도형 스타일] 그룹-[도형 채우기▣]의 ✔을 클릭한 후 ❷ [진한 파랑, 강조 1]을 클릭합니다.

➕ 다이아몬드 도형의 색상이 변경되어 같은 색상의 텍스트는 보이지 않게 됩니다.

06 ❶ [서식] 탭-[도형 스타일] 그룹-[도형 윤곽선 📝]의 ✓을 클릭한 후 ❷ [흰색, 배경 1]을 클릭합니다. ❸ 다시 [서식] 탭-[도형 스타일] 그룹-[도형 윤곽선 📝]의 ✓을 클릭하고 ❹ [두께]-[6pt]를 클릭합니다.

➕ 다이아몬드 도형에 하얀색 윤곽선이 적용됩니다.

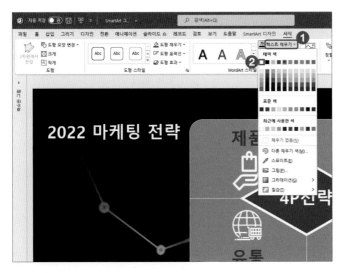

07 다이아몬드 도형 위의 텍스트가 잘 보이도록 설정하겠습니다. ❶ [서식] 탭-[WordArt 스타일] 그룹-[텍스트 채우기 가]의 ✓을 클릭한 후 ❷ [흰색, 배경 1]을 클릭합니다.

➕ 글꼴 색이 변경되어 다이아몬드 도형 위에 텍스트가 나타납니다.

08 SmartArt 그래픽 서식이 변경된 슬라이드가 완성됩니다.

우선 순위

혼자 해보기

프레젠 테이션 기본

슬라 이드 배경 서식

내용 작성 & 서식

시각화 & 멀티 미디어

슬라 이드 정리 & 저장

발표 준비 & 발표

2010 \ 2013 \ 2016 \ 2019 \ 2021

SmartArt 그래픽에
도형 추가하기

실습 파일 4장\SmartArt 그래픽에 도형 추가하기.pptx
완성 파일 4장\SmartArt 그래픽에 도형 추가하기_완성.pptx

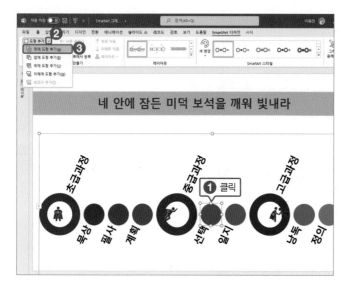

도형 추가하기

01 ❶ '선택'이 입력된 텍스트 상자 위의 원을 클릭합니다. ❷ [SmartArt 디자인] 탭-[그래픽 만들기] 그룹-[도형 추가 ⊞]의 ⌄을 클릭한 후 ❸ [뒤에 도형 추가]를 클릭합니다.

➕ '선택'이 입력된 도형 뒤에 원과 텍스트 상자가 추가됩니다.

텍스트 입력하기

02 추가된 도형 아래로 텍스트 상자가 선택되어 있습니다. ❶ **실천**이라고 입력한 후 ❷ [홈] 탭-[글꼴] 그룹-[글꼴 크기]를 [28]로 변경하고 ❸ [굵게 **가**]를 클릭하여 슬라이드를 완성합니다.

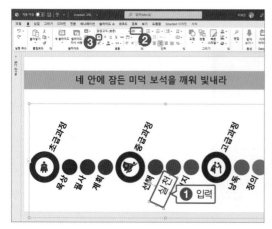

핵심기능

41

텍스트를 SmartArt 그래픽으로 변환하기

실습 파일 4장\텍스트를 SmartArt 그래픽으로 변환하기.pptx
완성 파일 4장\텍스트를 SmartArt 그래픽으로 변환하기_완성.pptx

텍스트를 SmartArt 그래픽으로 변환하기

01 텍스트 상자에 입력한 내용을 SmartArt 그래픽으로 변경해보겠습니다. ❶ 슬라이드 창에서 본문 텍스트 상자를 클릭합니다. ❷ [홈] 탭-[단락] 그룹-[SmartArt 그래픽으로 변환📷]을 클릭하고 ❸ [세로 블록 목록형]을 클릭합니다. 텍스트가 SmartArt 그래픽으로 변경됩니다.

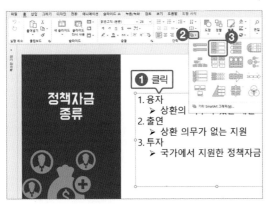

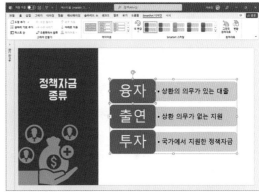

쉽고 빠른 파워포인트 Note 　더 많은 SmartArt 그래픽 보기

[SmartArt 그래픽으로 변환] 목록에 원하는 형태가 없으면 [기타 SmartArt 그래픽]을 클릭한 후 [SmartArt 그래픽 선택] 대화 상자에서 원하는 SmartArt 그래픽 모양을 선택합니다.

핵심기능

42

그림을 SmartArt 그래픽으로 변환하기

실습 파일 4장\그림을 SmartArt 그래픽으로 변환하기.pptx
완성 파일 4장\그림을 SmartArt 그래픽으로 변환하기_완성.pptx

그림을 SmartArt 그래픽으로 변환하기

01 ❶ Ctrl을 누른 상태에서 슬라이드에 삽입된 그림 네 개를 클릭합니다. ❷ [그림 서식] 탭–[그림 스타일] 그룹–[그림 레이아웃▧]을 클릭한 후 ❸ [그림 설명형]을 클릭합니다. 선택한 그림이 SmartArt 그래픽으로 변환되어 아래에 설명 텍스트를 추가할 수 있습니다.

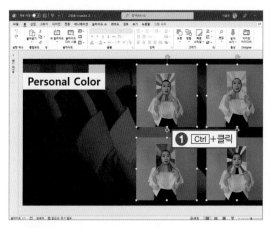 

바로 통 하는TIP 그림을 선택하는 순서대로 그림이 SmartArt 그래픽으로 변환됩니다.

02 텍스트를 입력하여 슬라이드를 완성합니다.

회사통

혼자 해보기

SmartArt 그래픽을 활용한 슬라이드 디자인하기

실습 파일 4장\SmartArt 그래픽을 활용한 슬라이드 디자인하기.ppt
완성 파일 4장\SmartArt 그래픽을 활용한 슬라이드 디자인하기_완성.pptx

우선 순위

혼자 해보기

프레젠 테이션 기본

슬라 이드 배경 서식

내용 작성 & 서식

시각화 & 멀티 미디어

슬라 이드 정리 & 저장

발표 준비 & 발표

예제 설명 및 완성 화면

벌집 모양의 육각형 구조로 정보를 표현해보겠습니다. [육각형 클러스터형] SmartArt 그래픽으로 설명 텍스트와 그림을 함께 표시합니다. 텍스트의 양이 적고 이미지가 많지 않은 경우에 적합한 방식입니다. 항목의 중요도를 구분할 수 있도록 SmartArt 그래픽의 색과 스타일을 변경하여 완성도를 높여줍니다. 기본적으로 제공되는 SmartArt 그래픽을 도형으로 변환하면 정보를 더욱 다양한 방식으로 표현할 수 있습니다.

01 SmartArt 그래픽 삽입하기

[삽입] 탭-[일러스트레이션] 그룹-[SmartArt图]를 클릭합니다. [SmartArt 그래픽 선택] 대화상자에서 왼쪽 탐색 창의 [그림]을 클릭하고 [육각형 클러스터형]을 더블클릭합니다. SmartArt 그래픽이 슬라이드 창에 삽입됩니다.

02 SmartArt 그래픽 색 변경하기

[SmartArt 디자인] 탭-[SmartArt 스타일] 그룹-[색 변경图]을 클릭하고 [색상형-강조색]을 클릭합니다. SmartArt 그래픽에 강조색이 적용됩니다.

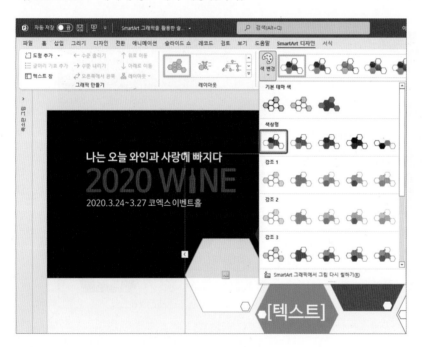

03 SmartArt 그래픽에 그림 삽입하기

SmartArt 그래픽의 도형 중 그림 개체 틀의 그림 삽입 아이콘圖을 클릭합니다. [그림 삽입] 대화상자
가 나타나면 [파일에서]를 클릭한 후 '와인1.jpg', '와인2.jpg', '와인3.jpg' 파일을 각각 삽입합니다. 그림
개체 틀에 맞춰서 그림이 삽입됩니다.

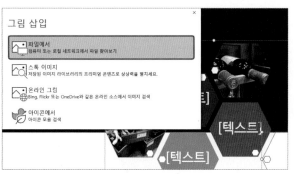

04 SmartArt를 도형으로 변환하기

SmartArt 그래픽을 도형으로 변환해보겠습니다. [SmartArt 디자인] 탭-[원래대로] 그룹-[변환圖]을
클릭하고 [도형으로 변환]을 클릭합니다. SmartArt 그래픽이 그룹화된 도형으로 변환됩니다.

05 그룹 해제하여 개별 도형으로 만들기

[도형 서식] 탭-[정렬] 그룹-[그룹화圖]를 클릭하고 [그룹 해제]를 클릭합니다. 도형 그룹이 해제되어
개별 도형을 자유롭게 편집할 수 있습니다.

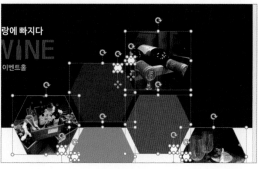

06 도형 삭제 및 배치하기

작은 육각형 개체를 클릭하고 Delete 를 눌러 삭제합니다. 육각형을 보기 좋게 배치합니다.

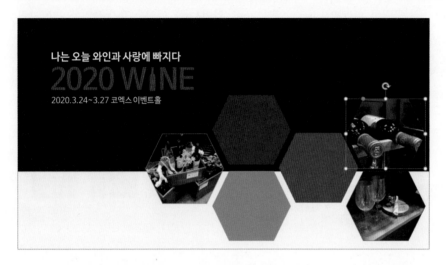

07 육각형 윤곽선 색과 두께 변경하기

육각형을 모두 선택합니다. [도형 서식] 탭-[도형 스타일] 그룹-[도형 윤곽선✎]의 ▾을 클릭하고 [흰색, 배경 1]을 클릭합니다. [두께]는 [3pt]로 변경합니다. 도형에 흰색 윤곽선이 적용됩니다.

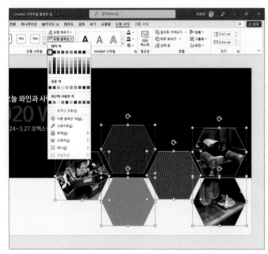
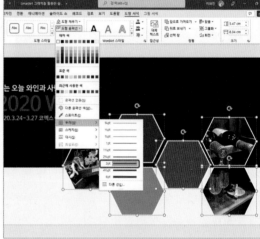

08 도형에 텍스트 입력하고 서식 변경하기

이미지가 없는 두 개의 육각형에 **sweet**와 **lovable**을 입력합니다. 텍스트가 입력된 도형을 모두 선택한 후 [홈] 탭-[글꼴] 그룹-[굵게 **가**]를 클릭합니다. 텍스트 서식이 한번에 적용합니다.

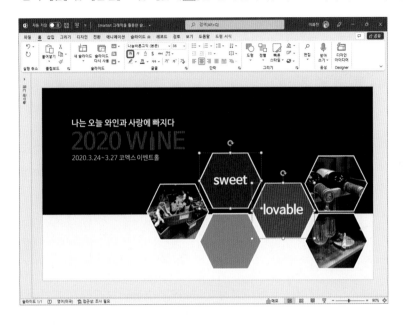

09 아이콘으로 도형 꾸미기

회색 육각형 위에 와인 병과 와인 잔 아이콘을 삽입해보겠습니다. [삽입] 탭-[일러스트레이션] 그룹-[아이콘]을 클릭합니다. 삽입할 수 있는 아이콘 목록이 대화상자에 나타납니다.

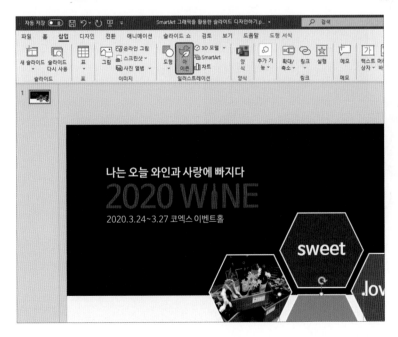

10 아이콘 삽입하기

대화상자 위쪽에서 [음식과 음료]를 클릭하면 해당 주제의 아이콘 목록이 나타납니다. 와인병 아이콘과 와인 잔 아이콘을 클릭하고 [삽입]을 클릭합니다. 슬라이드 창에 선택한 아이콘이 삽입됩니다.

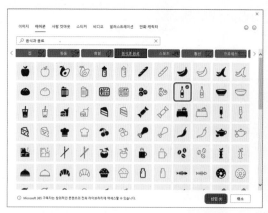

11 아이콘 서식 변경하고 배치하기

삽입한 아이콘이 선택된 상태에서 [그래픽 형식] 탭-[그래픽 스타일] 그룹-[그래픽 채우기 🎨]의 ▾을 클릭하고 [흰색, 배경 1]을 클릭합니다. 와인병 아이콘과 와인 잔 아이콘을 회색 육각형 안에 보기 좋게 배치합니다. 벌집 모양의 슬라이드 디자인이 완성됩니다.

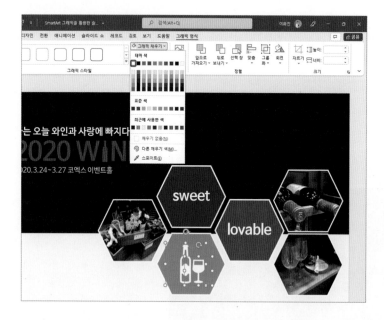

핵심기능

43

표 디자인하기

실습 파일 4장\표 디자인하기.pptx
완성 파일 4장\표 디자인하기_완성.pptx

표 테두리 색 및 두께 변경하기

01 슬라이드에 작성된 표를 원하는 스타일로 수정해보겠습니다. **①** 슬라이드에 삽입된 표를 클릭하고 **②** [테이블 디자인] 탭-[테두리 그리기] 그룹-[펜 두께 ✓]를 클릭한 후 **③** [1 pt]를 클릭합니다. **④** [펜 색 ☑]의 ✓을 클릭하고 **⑤** [진한 파랑, 강조 1]을 선택합니다. **⑥** [표 스타일] 그룹-[테두리 ⊞]의 ✓을 클릭하고 **⑦** [모든 테두리]를 클릭합니다. 표의 모든 테두리가 설정한 색과 두께로 한번에 변경됩니다.

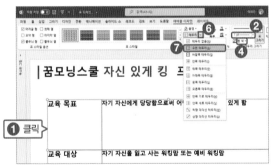
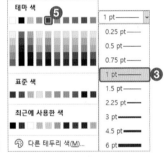

표 위쪽 테두리와 아래쪽 테두리 두껍게 하기

02 **①** 표가 선택된 상태에서 [테이블 디자인] 탭-[테두리 그리기] 그룹-[펜 두께 ✓]를 클릭한 후 **②** [4.5 pt]를 클릭합니다. **③** [펜 색 ☑]의 ✓을 클릭하고 **④** [진한 파랑, 강조 1]을 클릭합니다. **⑤** [표 스타일] 그룹-[테두리 ⊞]의 ✓을 클릭하고 **⑥** [위쪽 테두리]를 클릭합니다. **⑦** 다시 [표 스타일] 그룹-[테두리 ⊞]의 ✓을 클릭한 후 **⑧** [아래쪽 테두리]를 클릭합니다. 표 위쪽, 아래쪽 테두리만 진하게 변경됩니다.

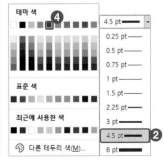

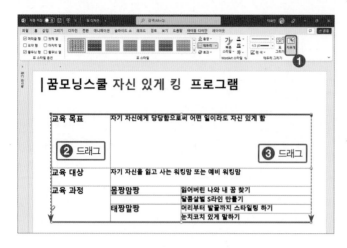

표 왼쪽 테두리와 오른쪽 테두리 지우기

03 ❶ [테이블 디자인] 탭–[테두리 그리기] 그룹–[지우개🔲]를 클릭합니다. ❷❸ 표의 왼쪽 테두리와 오른쪽 테두리를 드래그합니다.

➕ 표 왼쪽, 오른쪽 테두리가 지워집니다.

바로통하는TIP 지우개로 드래그할 때 표시되는 지우개의 경로가 점선인 경우에는 선이 지워지지 않습니다. 실선 형태일 때만 지워집니다.

셀에 배경색 채우기

04 ❶ 표의 1열을 드래그한 후 ❷ [테이블 디자인] 탭–[표 스타일] 그룹–[음영🎨]의 ▾을 클릭하고 ❸ [진한 파랑, 강조 1, 40% 더 밝게]를 클릭합니다. ❹ '몸짱맘짱'부터 '태짱말짱'까지 셀을 드래그한 후 ❺ [테이블 디자인] 탭–[표 스타일] 그룹–[음영🎨]의 ▾을 클릭하고 ❻ [진한 파랑, 강조 1, 80% 더 밝게]를 클릭합니다. 선택한 셀에 배경색이 채워져 표 내용을 쉽게 구분할 수 있습니다.

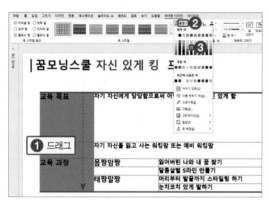

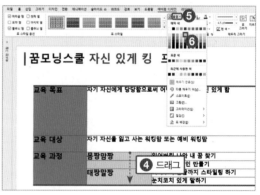

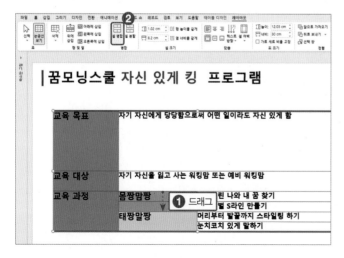

셀 병합하기

05 ❶ '몸짱맘짱'이 입력된 셀부터 바로 아래쪽 셀까지 드래그합니다. ❷ [레이아웃] 탭–[병합] 그룹–[셀 병합🔲]을 클릭합니다.

➕ 선택한 셀 두 개가 하나로 병합됩니다.

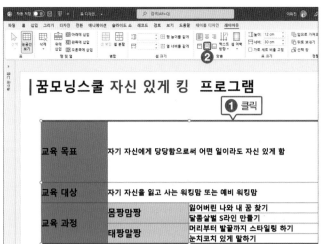

셀 안에 텍스트 위치 맞추기

06 ❶ 표를 클릭하고 ❷ [레이아웃] 탭-[맞춤] 그룹-[세로 가운데 맞춤]을 클릭합니다.

➕ 위쪽 맞춤되어 있던 표의 모든 셀에 세로 가운데 맞춤이 적용됩니다.

07 ❶ 표에서 구분에 해당되는 1열을 드래그하고 ❷ [레이아웃] 탭-[맞춤] 그룹-[가운데 맞춤]을 클릭합니다. ❸❹ 같은 방법으로 '몸짱맘짱'과 '태짱맘짱'의 셀 안 텍스트 위치를 가운데로 맞춥니다.

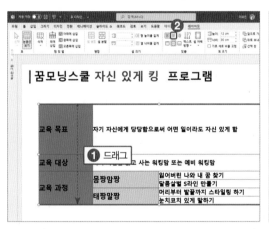

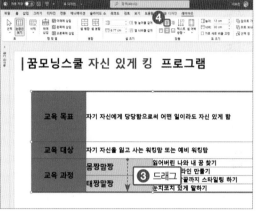

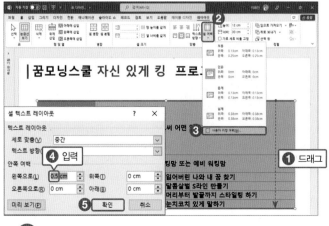

셀 여백 지정하기

08 ❶ 내용에 해당하는 셀 전체를 드래그합니다. ❷ [레이아웃] 탭-[맞춤] 그룹-[셀 여백]을 클릭하고 ❸ [사용자 지정 여백]을 클릭합니다. ❹ [셀 텍스트 레이아웃] 대화상자에서 [안쪽 여백]-[왼쪽으로]에 **0.5**를 입력합니다. ❺ [확인]을 클릭합니다.

➕ 내용에 해당하는 셀의 왼쪽 여백이 0.5cm로 설정됩니다.

바로 통 하는TIP 표의 구분에 해당하는 '몸짱맘짱'과 '태짱맘짱'까지 셀 안쪽 여백이 변경된다면 해당 셀을 드래그한 후 [레이아웃] 탭-[맞춤] 그룹-[셀 여백]-[없음]을 클릭합니다.

행 높이 같게 하기

09 ❶ 내용에 해당하는 셀 전체를 드래그합니다. ❷ [레이아웃] 탭-[셀 크기] 그룹-[행 높이를 같게 ⊞]를 클릭합니다. 내용에 해당하는 셀의 행 높이가 모두 같게 설정됩니다.

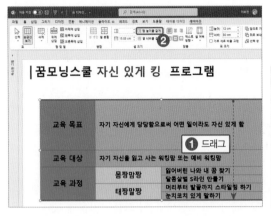
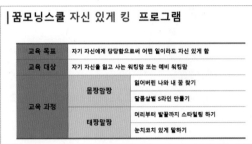

쉽고 빠른 파워포인트 Note | 파워포인트에 자동으로 엑셀 표 연동하기

엑셀의 표 서식을 그대로 유지한 상태에서 파워포인트에 붙여 넣으면 엑셀 데이터의 값이 바뀌어도 주기적으로 업데이트되므로 유용하게 사용할 수 있습니다.

① 엑셀에서 표를 복사한 후 ② 파워포인트에서 [홈] 탭-[클립보드] 그룹-[붙여넣기 📋]의 ⌄을 클릭하고 ③ [선택하여 붙여넣기]를 클릭합니다. ④ [선택하여 붙여넣기] 대화상자가 나타나면 [형식]에서 [Microsoft Excel 워크시트 개체]를 클릭하고 ⑤ [연결하여 붙여넣기]를 클릭한 후 ⑥ [확인]을 클릭합니다. ⑦ 바로 업데이트되지 않으면 파워포인트에 붙여 넣은 표에서 마우스 오른쪽 버튼을 클릭하고 [연결 업데이트]를 클릭합니다.

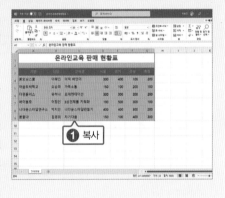

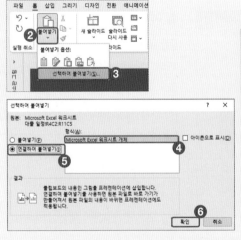
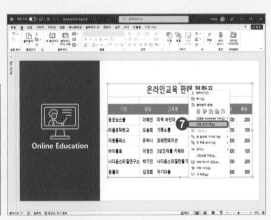

핵심기능

차트 디자인하기

44

실습 파일 4장\차트 디자인하기.pptx
완성 파일 4장\차트 디자인하기_완성.pptx

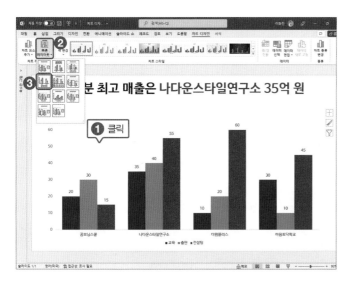

차트 레이아웃 변경하기

01 ❶ 차트 영역을 클릭합니다. ❷ [차트 디자인] 탭-[차트 레이아웃] 그룹-[빠른 레이아웃🖾]을 클릭하고 ❸ [레이아웃 4]를 클릭합니다.

➕ 차트 레이아웃이 선택한 레이아웃으로 변경됩니다.

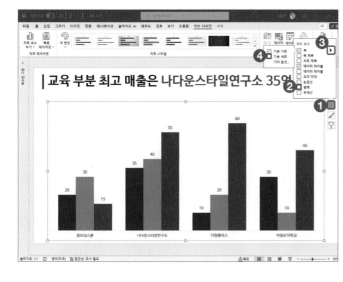

차트 범례 및 세로 축 없애기

02 ❶ [차트 요소⊞]를 클릭합니다. ❷ [차트 요소]의 [범례]의 체크를 해제하고 ❸ [축▶]을 클릭한 후 ❹ [기본 세로]의 체크를 해제합니다.

➕ 차트 아래쪽 범례와 세로축이 사라집니다.

✔ **파워포인트 2010** [차트 도구]-[레이아웃] 탭-[레이블] 그룹에서 [범례]-[없음]을 클릭하고, [차트 도구]-[레이아웃] 탭-[축] 그룹에서 [축]-[기본 세로 축]-[없음]을 클릭합니다.

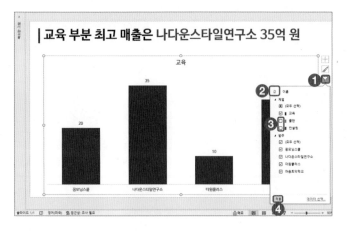

원하는 계열만 보이기

03 차트 필터를 이용하면 차트에 표시할 데이터 요소를 간편하게 선택할 수 있습니다. ❶ [차트 필터 🔽]를 클릭하고 ❷ [값]을 클릭합니다. ❸ [계열] 항목 중 [출판], [컨설팅]의 체크를 해제한 후 ❹ [적용]을 클릭합니다.

➕ [교육]에 해당하는 막대만 표시됩니다.

✅ **파워포인트 2010** [차트 도구]–[디자인] 탭–[데이터] 그룹에서 [데이터 편집]을 클릭합니다. 엑셀 창이 나타나면 숨기고 싶은 계열의 셀 위쪽 열 이름을 마우스 오른쪽 버튼으로 클릭한 후 [숨기기]를 선택합니다.

차트 종류 변경하기

04 세로 막대형 차트를 가로 막대형 차트로 변경해보겠습니다. ❶ 차트 영역을 클릭하고 ❷ [차트 디자인] 탭–[종류] 그룹–[차트 종류 변경 📊]을 클릭합니다. ❸ [차트 종류 변경] 대화상자에서 [가로 막대형]을 클릭하고 ❹ [묶은 가로 막대형]을 더블클릭합니다. 차트 종류가 변경됩니다.

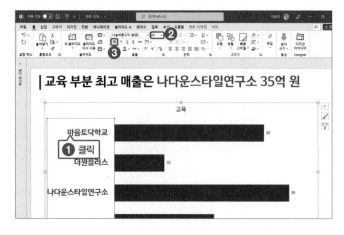

항목 글꼴 크기 변경하기

05 세로축 항목의 글꼴을 변경해보겠습니다. ❶ 세로축의 항목을 클릭합니다. ❷ [홈] 탭–[글꼴] 그룹–[글꼴 크기]를 [24]로 설정하고 ❸ [굵게 가]를 클릭합니다.

➕ 세로축 항목의 글꼴 크기가 커지고 진해집니다.

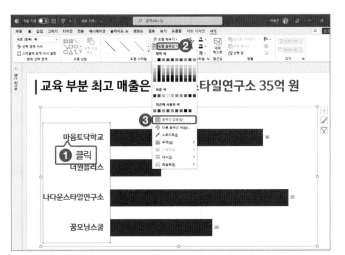

세로축 도형 윤곽선 없애기

06 세로축의 윤곽선을 없애보겠습니다. **❶** 세로축의 항목을 클릭합니다. **❷** [서식] 탭-[도형 스타일] 그룹-[도형 윤곽선 🖉]의 ⌄을 클릭하고 **❸** [윤곽선 없음]을 클릭합니다.

➕ 차트의 세로축 윤곽선이 사라집니다.

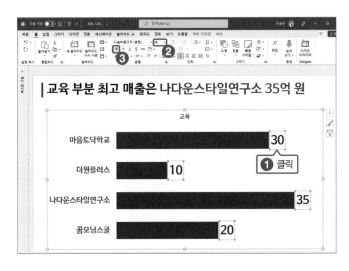

데이터 값의 글꼴 크기 변경하기

07 데이터 값의 글꼴을 변경하겠습니다. **❶** 데이터 레이블을 클릭합니다. **❷** [홈] 탭-[글꼴] 그룹-[글꼴 크기]를 [36]으로 설정하고 **❸** [굵게 🎵]를 클릭합니다.

➕ 데이터 값의 글꼴 크기가 커지고 진해집니다.

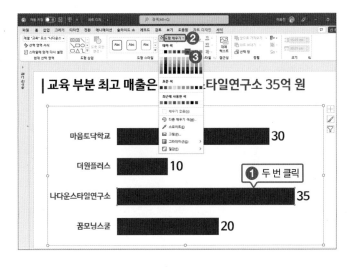

한 개의 막대 서식만 변경하기

08 특정 항목의 서식만 변경해보겠습니다. **❶** 나다운스타일연구소 항목의 막대를 두 번 클릭해 선택합니다. **❷** [서식] 탭-[도형 스타일] 그룹-[도형 채우기 🖎]의 ⌄을 클릭하고 **❸** [분홍, 강조 3]을 클릭합니다.

➕ 선택한 가로 막대가 분홍색으로 채워져 강조됩니다.

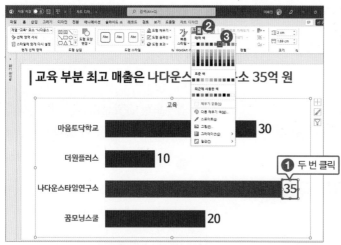

한 개의 텍스트 서식만 변경하기

09 ❶ 나다운스타일연구소의 데이터 레이블을 두 번 클릭합니다. ❷ [서식] 탭-[WordArt 스타일] 그룹-[텍스트 채우기 🔣]의 ⌄을 클릭하고 ❸ [분홍, 강조 3]을 클릭합니다.

➕ 선택한 데이터 레이블의 색만 변경되어 강조됩니다.

쉽고 빠른 파워포인트 Note | 차트 구성 요소 살펴보기

차트에는 계열, 축, 범례, 데이터 레이블 등 다양한 구성 요소가 있습니다. 차트를 선택하면 차트 영역 오른쪽에 차트 요소, 차트 스타일, 차트 필터가 표시됩니다. 간편하게 차트 요소를 추가, 제거하거나 차트 스타일을 선택할 수 있습니다. 차트 필터를 사용하면 원하는 데이터만 표시할 수 있습니다.

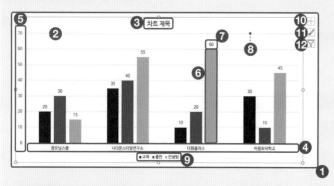

① **차트 영역** : 차트 전체 영역을 말하며 모든 구성 요소가 포함됩니다.

② **그림 영역** : 차트가 그려진 영역으로 데이터 계열, 항목, 항목 이름, 눈금선, 레이블 등을 포함합니다.

③ **차트 제목** : 차트 제목을 표시합니다.

④ **가로축** : 데이터 계열의 이름을 표시합니다.

⑤ **세로축** : 데이터 계열의 값을 표시합니다.

⑥ **데이터 계열/요소** : 데이터 요소나 값을 선택한 그래프 형태로 표시합니다.

⑦ **데이터 레이블** : 데이터 계열 또는 요소의 값과 이름을 표시합니다.

⑧ **눈금선** : 데이터의 값을 알기 쉽게 표시합니다.

⑨ **범례** : 데이터 계열별 이름과 색을 표시합니다.

⑩ **차트 요소** : 차트 요소를 숨기거나 표시할 수 있습니다.

⑪ **차트 스타일** : 차트 디자인 스타일을 선택할 수 있습니다.

⑫ **차트 필터** : 차트 데이터 중에서 특정 항목을 숨기거나 표시할 수 있습니다.

✔ **파워포인트 2010** [차트 요소], [차트 스타일], [차트 필터] 버튼은 파워포인트 2013 버전부터 나타납니다. 파워포인트 2010 버전은 [차트 도구]-[레이아웃] 탭에서 동일하게 실습할 수 있습니다.

핵심기능

45

잘 만든 차트 서식 저장하고 재활용하기

실습 파일 4장\잘 만든 차트 서식 저장하고 재활용하기.pptx
완성 파일 4장\잘 만든 차트 서식 저장하고 재활용하기_완성.pptx

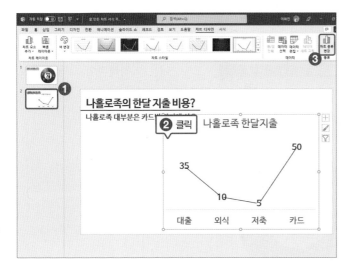

차트 서식 저장하기

01 ❶ [1번 슬라이드]에 삽입된 차트를 마우스 오른쪽 버튼으로 클릭합니다. ❷ [서식 파일로 저장]을 클릭합니다. ❸ [차트 서식 파일 저장] 대화상자에서 [파일 이름]에 **파이 그래프**를 입력하고 ❹ [저장]을 클릭합니다.

➕ 선택한 차트의 서식이 '파이 그래프.crtx' 파일로 저장됩니다.

저장된 서식 파일 적용하기

02 ❶ 슬라이드 축소판 창에서 [2번 슬라이드]를 클릭하고 ❷ 차트 영역을 클릭합니다. ❸ [차트 디자인] 탭–[종류] 그룹–[차트 종류 변경🔲]을 클릭합니다.

➕ [차트 종류 변경] 대화상자가 나타납니다.

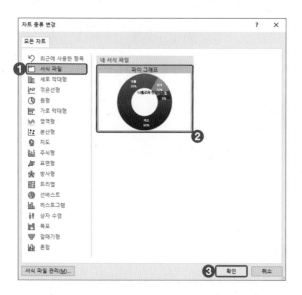

03 ❶ [차트 종류 변경] 대화상자에서 [서식 파일]을 클릭하고 ❷ [내 서식 파일]-[파이 그래프]를 클릭한 후 ❸ [확인]을 클릭합니다

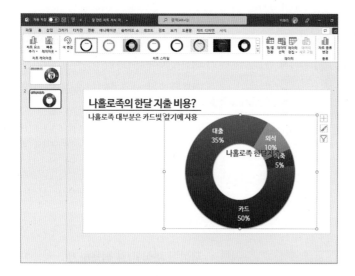

04 저장된 차트 서식 파일이 적용되어 차트 종류가 변경됩니다.

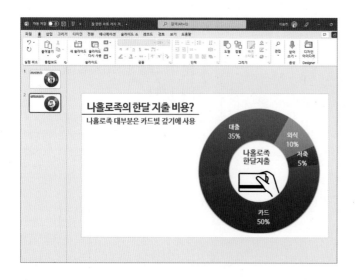

05 내용을 정리하여 그래프를 보기 좋게 완성합니다.

2010 \ 2013 \ 2016 \ 2019 \ 2021

우선
순위

혼자
해보기

프레젠
테이션
기본

슬라
이드
배경
서식

내용
작성
&
서식

시각화
&
멀티
미디어

슬라
이드
정리
&
저장

발표
준비
&
발표

회사통

혼자 해보기

차트를 활용한 슬라이드 디자인하기

실습 파일 4장 \ 차트를 활용한 슬라이드 디자인하기.pptx
완성 파일 4장 \ 차트를 활용한 슬라이드 디자인하기_완성.pptx

⊕ 예제 설명 및 완성 화면

시간에 따른 데이터 흐름을 볼 때는 꺾은선 그래프가 유용합니다. 이미 주어진 차트가 막대 그래프인 경우에는 용도에 맞게 차트 종류를 변경하고 데이터 레이블을 표시해줍니다. 차트를 보는 입장에서 전달하고자 하는 내용을 쉽게 이해할 수 있도록 강조하고 싶은 데이터는 글꼴 크기를 더 크게 수정하고 꼭 필요한 요소만 남겨 차트를 단순하게 만듭니다.

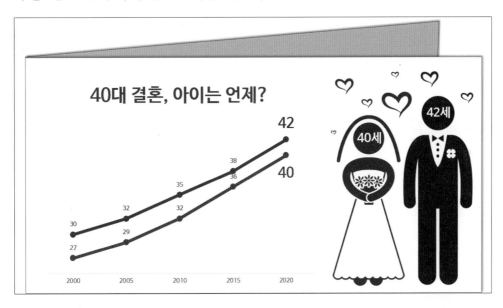

01 차트 종류 변경하기

막대형 차트를 꺾은선형 차트로 변경해보겠습니다. 슬라이드의 차트를 선택하고 [차트 디자인] 탭-[종류] 그룹-[차트 종류 변경🖿]을 클릭합니다. [차트 종류 변경] 대화상자에서 [꺾은선형]을 클릭하고 [표식이 있는 꺾은선형]을 더블클릭합니다. 막대형 차트가 꺾은선형 차트로 변경됩니다.

02 데이터 값 표시하기

차트 영역을 클릭하여 차트를 선택합니다. [차트 요소⊞]를 클릭한 후 [데이터 레이블]-[위쪽]을 클릭합니다. 꺾은선 그래프의 표식에 데이터 값이 표시됩니다.

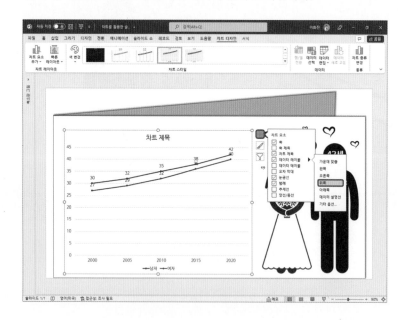

03 축 서식 변경하기

차트 영역의 세로축에서 마우스 오른쪽 버튼을 클릭한 후 [축 서식]을 클릭합니다. [축 서식] 작업 창의 [축 옵션]-[경계]에서 [최소값]에 **25**, [최대값]에 **45**를 입력합니다. [단위]-[기본]에는 **5**를 입력합니다. 꺾은선형 차트의 세로축 데이터가 25에서 40 사이로 표현되고 5 단위로 데이터 값이 표시됩니다.

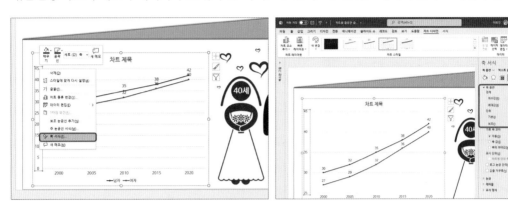

04 꺾은선 굵게 하기

차트 영역에서 파란색 꺾은선을 클릭한 후 [데이터 계열 서식] 작업 창에서 [채우기 및 선⬙]을 클릭합니다. [선]-[선]의 [너비]를 [6pt]로 설정합니다. 분홍색 꺾은선도 같은 방법으로 동일하게 설정합니다. 꺾은선의 너비가 굵어져 선명하게 보입니다.

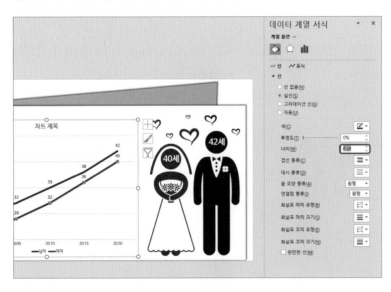

우선
순위

혼자
해보기

프레젠
테이션
기본

슬라
이드
배경
서식

내용
작성
&
서식

시각화
&
멀티
미디어

슬라
이드
정리
&
저장

발표
준비
&
발표

표식 크기 변경하기

차트 영역에서 파란색 꺾은선을 클릭한 후 [데이터 계열 서식] 작업 창에서 [채우기 및 선🔹]을 클릭합니다. [표식]을 클릭하고 [표식 옵션]-[기본 제공]을 클릭합니다. [크기]를 [12]로 설정합니다. 분홍색 꺾은선도 같은 방법으로 동일하게 설정합니다. 꺾은선 그래프의 표식 크기가 커져 눈에 잘 보입니다.

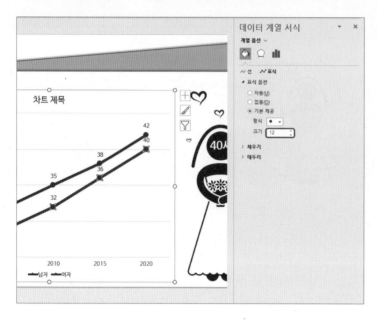

06 불필요한 요소 삭제하기

차트 영역에서 남자, 여자를 표시하는 범례와 나이를 표시하는 세로축, 그리고 눈금선을 각각 클릭한 후 Delete 를 눌러 삭제합니다. 불필요한 요소가 삭제되고 전달하고자 하는 내용만 남습니다.

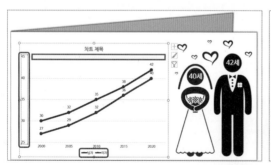
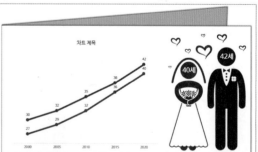

07 특정 데이터 값 강조하기

2020에 해당하는 두 개의 데이터 레이블을 각각 두 번 클릭하여 선택합니다. 데이터 레이블의 글꼴 서식을 아래의 표와 같이 변경합니다. 2020에 해당하는 데이터 레이블이 강조됩니다.

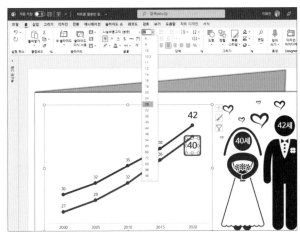

글꼴 크기		28pt
글꼴 색	남자	진한 파랑, 강조 1
	여자	분홍, 강조 2
글꼴 스타일		굵게

08 차트 제목 입력하기

차트 제목을 클릭하여 **40대 결혼, 아이는 언제?**를 입력합니다. 글꼴 크기는 [36pt], 글꼴 스타일은 [굵게 <kbd>가</kbd>]를 적용합니다. 슬라이드를 완성합니다. 시간에 따라 데이터 흐름을 확인할 수 있는 슬라이드 차트가 완성됩니다.

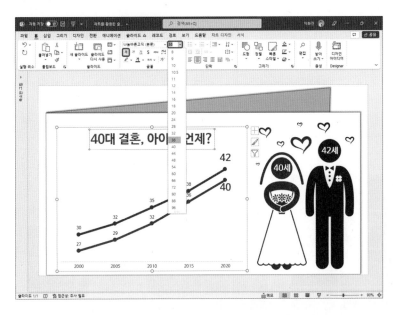

핵심기능

46

온라인 그림 삽입하기

실습 파일 4장\온라인 그림 삽입하기.pptx
완성 파일 4장\온라인 그림 삽입하기_완성.pptx

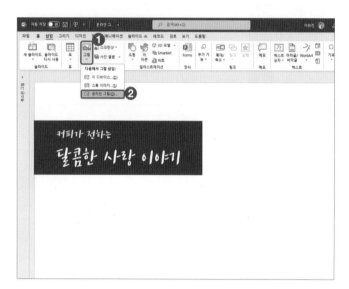

온라인에서 그림 검색하기

01 ❶ [삽입] 탭–[이미지] 그룹–
[그림🖼]을 클릭하고 ❷ [온라인 그
림]을 클릭합니다.

➕ [온라인 그림] 대화상자가 나타납니다.

02 [온라인 그림] 대화상자에서 [Bing 검색]에 **커피**를 입력한 후 [Enter]를 누릅니다. 커피와 관련된 다
양한 이미지가 나타납니다.

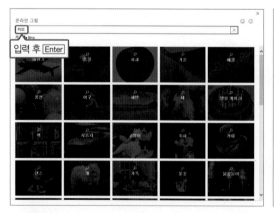

바로통하는TIP [Creative Commons만]에 체크한 후 검색한 그림은 일정한 기준 아래에서 창작물을 마음대로 활용할 수 있습니다.

이미지 필터링하기

03 ❶ [필터 ⅄]를 클릭하고 ❷ [크기]-[크게], ❸ [유형]-[사진], ❹ [레이아웃]-[넓게], ❺ [색]-[컬러만]을 각각 클릭합니다. 필터링된 이미지만 나타나는 것을 확인할 수 있습니다. ❻ 검색된 이미지 중에 하나를 클릭한 후 ❼ [삽입]을 클릭합니다. 선택한 이미지가 슬라이드 창에 삽입됩니다.

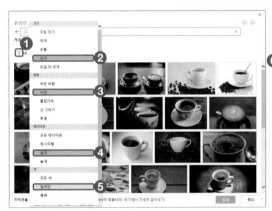 

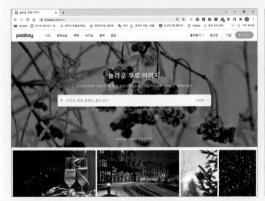

04 삽입한 이미지를 적당한 위치에 배치시켜 화면을 완성합니다.

바로 통 하는 TIP [온라인 그림]은 Microsoft Bing 검색 서비스의 실시간 검색 결과입니다. 따라서 예제와 다른 이미지가 나올 수 있습니다.

쉽고 빠른 파워포인트 Note | 저작권 없는 무료 이미지 다운로드하기

픽사베이(https://pixabay.com)는 저작권 없이 다양한 고품질의 이미지를 영리 · 비영리 목적으로 사용할 수 있는 사이트입니다. 검색 상자에 검색어를 입력한 후 검색한 이미지를 클릭하면 무료로 다운로드할 수 있습니다.

2010 \ 2013 \ 2016 \ 2019 \ 2021

PowerPoint Designer로 전문가다운 슬라이드 만들기

실습 파일 4장\PowerPoint Designer로 전문가 슬라이드 만들기.pptx
완성 파일 4장\PowerPoint Designer로 전문가 슬라이드 만들기_완성.pptx

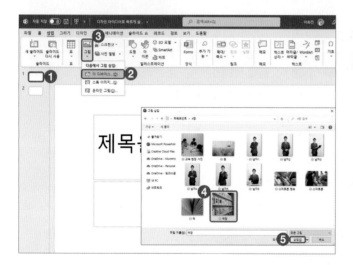

그림 한 개 삽입하기

01 ① 슬라이드 축소판 창에서 표지로 사용할 [1번 슬라이드]를 클릭합니다. ② [삽입] 탭–[이미지] 그룹–[그림 🖾]을 클릭하고 ③ [이 디바이스]를 클릭합니다. ④ [그림 삽입] 대화상자에서 '책장.jpg' 파일을 클릭한 후 ⑤ [삽입]을 클릭합니다.

디자인 아이디어 적용하기

02 슬라이드에 그림이 삽입되며 자동으로 [디자인 아이디어] 작업 창이 나타납니다. 다양한 디자인 아이디어 중에서 원하는 디자인을 클릭하면 바로 슬라이드에 적용됩니다.

바로 통 하는TIP [디자인 아이디어] 작업 창에 원하는 디자인이 없다면 작업 창 가장 아래쪽의 [더 많은 디자인 아이디어 보기]를 클릭하여 더 많은 디자인을 찾아볼 수 있습니다. [디자인 아이디어] 작업 창이 보이지 않는 경우에는 [디자인] 탭–[Designer] 그룹–[디자인 아이디어]를 클릭합니다.

그림 두 개 삽입하기

03 ❶ 본문으로 사용할 [2번 슬라이드]를 클릭한 후 ❷ [삽입] 탭–[이미지] 그룹–[그림 🖼]을 클릭하고 ❸ [이 디바이스]를 클릭합니다. ❹ [그림 삽입] 대화상자에서 Ctrl 을 누른 상태로 '꽃.jpg'와 '책.jpg' 파일을 클릭한 후 ❺ [삽입]을 클릭합니다.

바로 통 하는 TIP 그림을 다중 선택할 때는 Ctrl 또는 Shift 를 누르고 선택합니다.

04 슬라이드에 그림이 삽입되며 자동으로 [디자인 아이디어] 작업 창이 나타납니다. 다양한 디자인 아이디어 중에서 원하는 디자인을 클릭하면 슬라이드에 바로 적용됩니다.

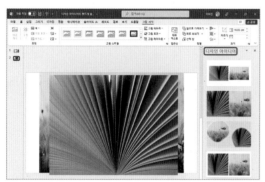
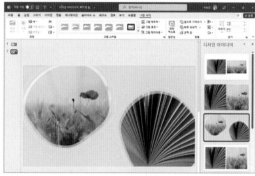

2010 \ 2013 \ 2016 \ 2019 \ 2021

그림의 특정 부분만 강조하기

실습 파일 4장\그림의 특정 부분만 강조하기.pptx
완성 파일 4장\그림의 특정 부분만 강조하기_완성.pptx

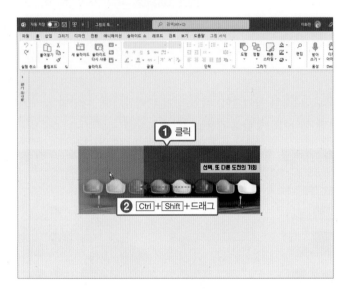

그림을 수평으로 이동 복사하기

01 그림의 특정 부분만 강조해보 겠습니다. 먼저 그림을 복사하여 원 본과 겹친 후 강조할 부분만 남기고 잘라내겠습니다. ❶ 슬라이드의 그 림을 클릭합니다. ❷ Ctrl + Shift 를 누른 상태에서 왼쪽으로 드래그합니 다.

➕ 선택한 그림이 드래그한 방향으로 수평 복사됩 니다.

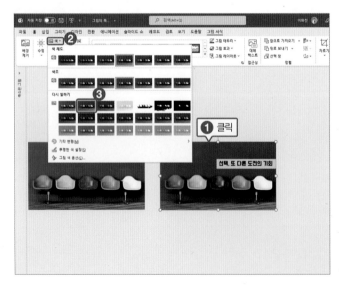

그림 색 변경하기

02 ❶ 원본 그림을 클릭합니다. ❷ [그림 서식] 탭-[조정] 그룹-[색 🖼️] 을 클릭하고 ❸ [다시 칠하기]-[회색 조]를 클릭합니다.

➕ 원본 그림이 흑백 사진처럼 변경됩니다.

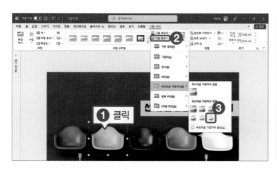

그림에서 원하는 부분만 남기고 자르기

03 ❶ 복사한 그림을 원본과 겹치도록 드래그합니다. ❷ [그림 서식] 탭-[크기] 그룹-[자르기]를 클릭합니다. ❸ 강조하고 싶은 부분만 남도록 그림 테두리에 생긴 꺾쇠 모양의 자르기 핸들을 드래그하여 크기를 조절한 후 ❹ 다시 [자르기]를 클릭합니다.

➕ 그림에서 자르기 핸들로 선택한 부분만 남습니다.

잘린 그림의 주변을 부드럽게 처리하기

04 잘린 그림과 회색조로 변경한 원본 그림의 경계가 자연스럽지 않습니다. 잘린 그림의 주변을 부드럽게 처리해 원본 배경과 자연스럽게 어울리도록 수정해보겠습니다. ❶ 잘린 그림을 클릭합니다. ❷ [그림 서식] 탭-[그림 스타일] 그룹-[그림 효과]를 클릭하고 ❸ [부드러운 가장자리]-[50 포인트]를 클릭합니다. 전체 그림 중 특정 부분의 색이 자연스럽게 강조되었습니다.

쉽고 빠른 파워포인트 Note 　그림의 투명도 조정하기

그림 뒤의 항목이 표시되도록 그림의 투명도를 조정할 수 있습니다. 투명도를 적용할 그림을 선택한 후 [그림 서식] 탭-[조정] 그룹-[투명도]를 클릭하고 원하는 투명도를 클릭합니다.

핵심기능

49

그림 서식은 유지하고
그림만 변경하기

실습 파일 4장\그림 서식은 유지하고 그림만 변경하기.pptx
완성 파일 4장\그림 서식은 유지하고 그림만 변경하기_완성.pptx

그림 테두리 색과 테두리 두께 변경하기

01 ❶ 슬라이드 창에서 왼쪽 첫 번째 그림을 클릭합니다. ❷ [그림 서식] 탭-[그림 스타일] 그룹-[그림 테두리]의 ▼을 클릭하고 ❸ [흰색, 배경 1]을 클릭합니다. ❹ 다시 한번 [그림 테두리]의 ▼을 클릭하고 ❺ [두께]-[다른 선]을 클릭합니다. ❻ [그림 서식] 작업 창에서 [선]-[실선]-[너비]에 **20**을 입력합니다. 왼쪽 첫 번째 그림에 흰색 테두리가 적용됩니다.

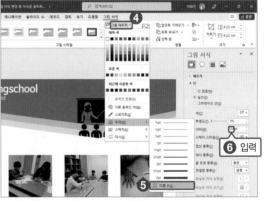

그림에 그림자 적용하기

02 ❶ [그림 서식] 탭-[그림 스타일] 그룹-[그림 효과]를 클릭합니다. ❷ [그림자]-[바깥쪽]-[오프셋 가운데]를 클릭합니다.

➕ 왼쪽 첫 번째 그림에 그림자 효과가 적용되어 보이지 않던 흰색 테두리가 표시됩니다.

그림 서식 복사하고 붙여넣기

03 ❶ 서식을 적용한 그림을 클릭하고 ❷ [홈] 탭-[클립보드] 그룹-[서식 복사 🎨]를 더블클릭합니다. ❸ 마우스 포인터가 페인트 붓 모양 🔖♣이 되면 서식을 붙여 넣을 그림을 각각 클릭합니다.

➕ 서식을 적용할 그림을 클릭할 때마다 왼쪽 첫 번째 그림의 서식이 복사됩니다.

바로 통하는TIP [서식 복사]를 사용하면 한 개체의 모든 서식을 복사하여 다른 항목에 똑같이 적용할 수 있습니다.

바로 통하는TIP 서식을 여러 곳에 적용하려면 [서식 복사]를 더블클릭합니다. 작업을 완료했으면 [Esc]를 눌러 다중 복사 모드를 종료합니다.

다른 그림으로 변경하기

04 그림에 적용한 서식은 유지한 채 그림만 변경해보겠습니다. ❶ 변경할 그림을 클릭합니다. ❷ [그림 서식] 탭-[조정] 그룹-[그림 바꾸기 🖼]를 클릭한 후 ❸ [파일에서]를 클릭합니다. ❹ [그림 삽입] 대화상자에서 '교육 현장 사진.jpg' 파일을 클릭한 후 ❺ [삽입]을 클릭합니다.

05 서식은 그대로 유지한 채 그림이 바뀌었습니다.

바로 통하는TIP 그림 원래대로 만들기

현재 그림에 적용된 다양한 효과(꾸밈 효과, 색, 밝기, 대비, 선명도, 투명도 등)를 제거하여 원래대로 만들고 싶다면 [그림 서식] 탭-[조정] 그룹-[그림 원래대로]를 클릭합니다.

핵심기능

50

그림에서 불필요한 부분 제거하기

실습 파일 4장\그림에서 불필요한 부분 제거하기.pptx
완성 파일 4장\그림에서 불필요한 부분 제거하기_완성.pptx

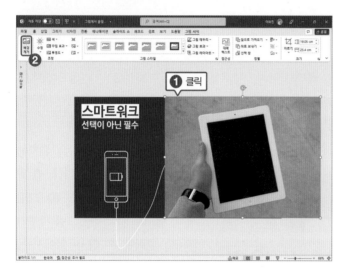

배경 제거하기

01 그림에서 불필요한 부분이 있으면 슬라이드가 복잡해 보입니다. 그림에서 원하는 부분만 제거해보겠습니다. ❶ 슬라이드에 삽입된 그림을 클릭하고 ❷ [그림 서식] 탭-[조정] 그룹-[배경 제거 🔳]를 클릭합니다.

➕ 리본 메뉴에서 [배경 제거] 탭이 선택되고 이미지의 배경 부분이 자홍색으로 표시됩니다.

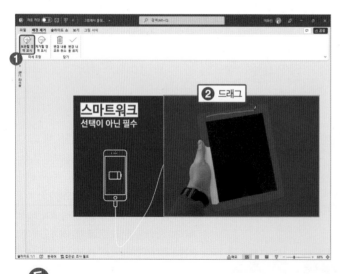

02 자홍색이 칠해진 부분이 그림에서 제거될 배경입니다. 그림에서 불필요한 부분만 선택되도록 조절해 보겠습니다. ❶ [배경 제거] 탭-[미세 조정] 그룹-[보관할 영역 표시 🖊]를 클릭합니다. ❷ 마우스 포인터가 연필 모양 🖊 으로 바뀌면 자홍색 부분에서 남기고 싶은 부분을 드래그하여 원래 이미지 색이 나오도록 합니다.

바로 통 하는TIP 그림에서 제거할 영역을 표시하고 싶을 때는 [제거할 영역 표시]를 클릭합니다. 마우스 포인터가 연필 모양으로 바뀌면 드래그하여 제거할 영역을 표시합니다.

03 그림에서 남기고 싶은 부분만 원래 이미지 색이 되었다면 [배경 제거] 탭-[닫기] 그룹-[변경 내용 유지☑]를 클릭합니다. 그림에서 자홍색으로 선택되었던 부분이 제거되고 프레젠테이션에 필요한 그림만 남습니다.

쉽고 빠른 파워포인트 Note 　 그림 일부분을 투명하게 만들기

[투명한 색 설정]은 전체 그림을 투명하게 만드는 것과 달리 하나의 색만 투명하게 만듭니다. 클립아트와 같이 간단한 단색 이미지에 사용하기 적합한 기능입니다. 투명하게 할 그림을 클릭하고 [그림 서식] 탭-[조정] 그룹-[색🖼]을 클릭한 후 [투명한 색 설정]을 클릭하여 투명하게 만들고 싶은 색을 선택합니다. 단, 단색처럼 보이지만 실제로는 여러 가지 색이 섞여 구성된 경우에는 원하는 효과를 얻을 수 없습니다.

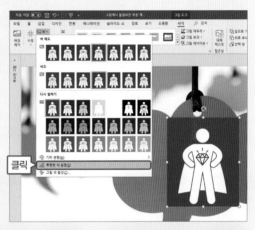

핵심기능

51

원하는 모양으로 그림 자르고 용량 줄이기

실습 파일 4장\원하는 모양으로 그림 자르고 용량 줄이기.pptx
완성 파일 4장\원하는 모양으로 그림 자르고 용량 줄이기_완성.pptx

그림 삽입하기

01 ❶ [삽입] 탭-[이미지] 그룹-[그림🖼]을 클릭하고 ❷ [이 디바이스]를 클릭합니다. ❸ [그림 삽입] 대화상자에서 '스마트폰.jpg' 파일을 클릭한 후 ❹ [삽입]을 클릭합니다.

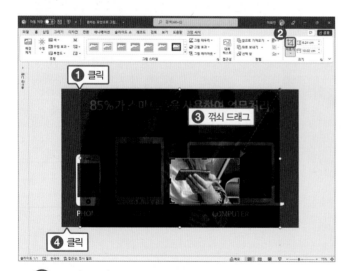

그림 자르기

02 ❶ 슬라이드에 삽입된 그림을 클릭하고 ❷ [그림 서식] 탭-[크기] 그룹-[자르기🔳]를 클릭합니다. ❸ 꺾쇠 모양의 자르기 핸들을 드래그하여 원하는 부분만 남도록 영역을 조정합니다. ❹ 그림 외의 부분을 클릭합니다.

➕ 그림에서 필요한 부분만 남습니다.

바로통하는TIP 직사각형이 아닌 다른 모양으로 자르려면 [그림 서식] 탭-[크기] 그룹-[자르기▾]를 클릭한 후 [도형에 맞춰 자르기]에서 원하는 모양을 선택합니다.

그림 용량 줄이기

03 그림에서 잘려진 부분을 완전히 삭제하고 보이는 부분만 유지하여 문서의 용량을 줄어보겠습니다. ❶ 자르고 남은 부분의 그림을 클릭하고 ❷ [그림 서식] 탭–[조정] 그룹–[그림 압축 📷]을 클릭합니다. ❸ [그림 압축] 대화상자에서 [압축 옵션]–[이 그림에만 적용]과 [잘려진 그림 영역 삭제]에 각각 체크하고 ❹ [확인]을 클릭합니다. 그림에서 잘려진 부분이 완전히 삭제되어 그림의 용량이 줄어듭니다.

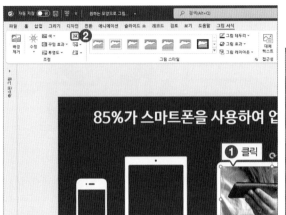

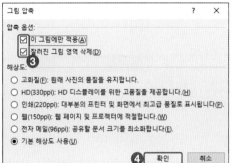

바로 통 하는 TIP 파워포인트에서 그림을 자르면 슬라이드 창에서는 보이지 않지만 그림의 원본은 유지되고 용량 역시 그대로입니다. 용량을 줄이려면 [그림 압축]을 사용해 잘린 부분을 완전히 없애야 합니다.

압축한 그림 저장하기

04 원본 그림과 용량 차이를 비교하기 위해 잘려진 그림을 저장해보겠습니다. ❶ 그림을 마우스 오른쪽 버튼으로 클릭하고 ❷ [그림으로 저장]을 클릭합니다. ❸ [그림으로 저장] 대화상자에서 [파일 이름]에 **스마트폰 정보**를 입력하고 ❹ [저장]을 클릭합니다. 용량을 압축한 그림이 JPEG 이미지 파일로 저장됩니다.

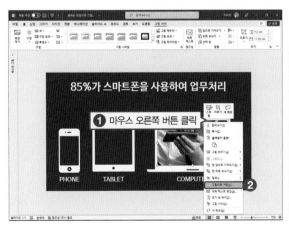

우선 순위

혼자 해보기

프레젠 테이션 기본

슬라 이드 배경 서식

내용 작성 & 서식

시각화 & 멀티 미디어

슬라 이드 정리 & 저장

발표 준비 & 발표

05 저장한 그림의 파일 크기를 비교해보면 원본 그림 '스마트폰.jpg' 파일은 6.21MB이고, 압축한 그림 '스마트폰 정보.jpg' 파일은 59.9KB입니다. 용량이 크게 줄었습니다.

06 크기를 줄인 그림에 테두리 및 그림자를 적용하여 서식을 변경합니다. 옆으로 그림 두 개를 복사한 후 화면에 어울리게 배치하여 슬라이드를 완성합니다.

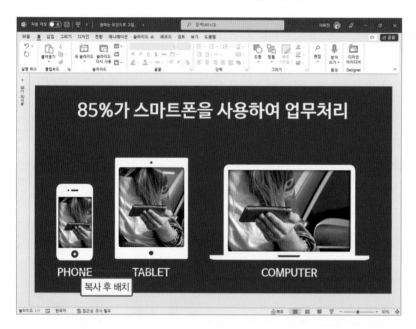

핵심기능 52

사진 앨범으로 프레젠테이션 만들기

실습 파일 4장\사진 앨범으로 프레젠테이션 만들기.pptx
완성 파일 4장\사진 앨범으로 프레젠테이션 만들기_완성.pptx

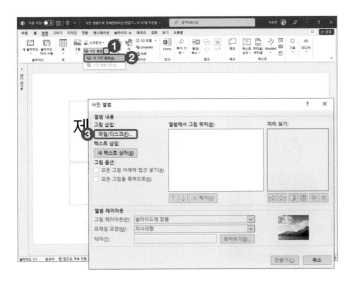

새 사진 앨범 만들기

01 ❶ [삽입] 탭–[이미지] 그룹–[사진 앨범]의 ⌄을 클릭하고 ❷ [새 사진 앨범]을 클릭합니다. ❸ [사진 앨범] 대화상자에서 [앨범 내용]–[그림 삽입]–[파일/디스크]를 클릭합니다.

➕ [새 그림 삽입] 대화상자가 나타납니다.

02 ❶ [새 그림 삽입] 대화상자에서 Ctrl을 누른 상태로 '남자1.jpg', '남자2.jpg', '남자3.jpg', '남자4.jpg', '남자5.jpg', '남자6.jpg' 파일을 각각 클릭한 후 ❷ [삽입]을 클릭합니다.

➕ 선택한 그림이 모두 [사진 앨범] 대화상자에 추가됩니다.

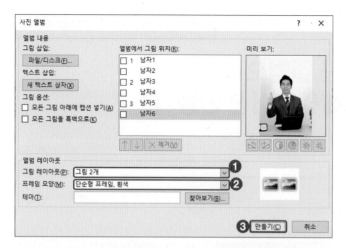

03 [사진 앨범] 대화상자에서 [앨범 내용]-[앨범에서 그림 위치]에 삽입한 사진이 선택한 차례대로 추가됩니다. ❶ [앨범 레이아웃]-[그림 레이아웃]을 [그림 2개]로, ❷ [프레임 모양]을 [단순형 프레임, 흰색]으로 설정한 후 ❸ [만들기]를 클릭합니다.

04 제목 슬라이드 아래로 이미지가 두 개씩 들어간 슬라이드가 세 장 만들어집니다. 첫 번째 슬라이드에 사진과 어울리는 제목을 입력하여 슬라이드를 완성합니다.

바로 통 하는TIP 앨범 배경 변경하기

배경을 변경하고 싶다면 [삽입] 탭-[이미지] 그룹-[사진 앨범]을 클릭하고 [사진 앨범 편집]을 클릭합니다. [사진 앨범 편집] 대화상자에서 [테마]-[찾아보기]를 클릭한 후 [테마 선택] 대화상자에서 원하는 테마를 클릭하고 [선택]을 클릭합니다. [사진 앨범 편집] 대화상자에서 [업데이트]를 클릭하여 적용합니다.

쉽고 빠른 파워포인트 Note　[사진 앨범] 대화상자 알아보기

[사진 앨범] 대화상자는 다음과 같이 구성되어 있습니다.

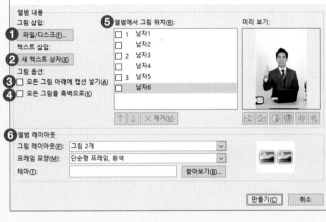

① **파일/디스크** : 추가하고 싶은 그림을 선택합니다.

② **새 텍스트 상자** : 텍스트 개체 틀이 슬라이드에 추가됩니다.

③ **모든 그림 아래에 캡션 넣기** : 그림의 파일명이 그림 아래에 텍스트로 표시됩니다. [모든 그림 아래에 캡션 넣기]가 회색으로 표시되어 사용할 수 없는 경우에는 [앨범 레이아웃]에서 [슬라이드에 맞춤] 이외의 레이아웃을 선택해주어야 합니다.

④ **모든 그림을 흑백으로** : 추가된 그림이 모두 흑백으로 바뀝니다.

⑤ **앨범에서 그림 위치** : 각각의 슬라이드에 추가한 그림과 텍스트 상자가 어떻게 표시되는지를 보여주며 목록 앞쪽에 체크하면 위치, 제거, 회전, 대비, 밝기를 변경할 수 있습니다.

⑥ **앨범 레이아웃** : 슬라이드에서 그림의 레이아웃과 모양을 어떻게 표시할지 결정합니다. 전체 배경의 디자인을 테마 부분에서 선택하여 적용할 수 있습니다.

쉽고 빠른 파워포인트 Note　사진 앨범 서식 다운로드하기

온라인에서 파워포인트 사진 앨범 서식 파일을 다운로드하여 사진 앨범을 만들 수 있습니다(https://templates.office.com/en-us/Photo-Albums).

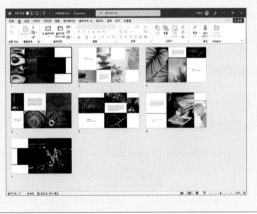

2010 / 2013 / 2016 / **2019** \ 2021

아이콘 삽입하고 편집하기

실습 파일 4장\아이콘 삽입하고 편집하기.pptx
완성 파일 4장\아이콘 삽입하고 편집하기_완성.pptx

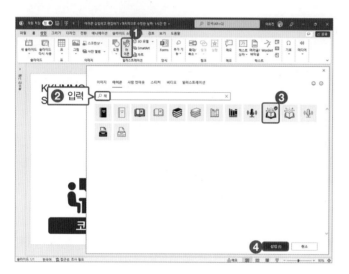

아이콘 삽입하기

01 ❶ [삽입] 탭-[일러스트레이션] 그룹-[아이콘🖼]을 클릭합니다. ❷ 검색 상자에 **책**을 입력합니다. ❸ 나타나는 책 모양 아이콘 중에 원하는 아이콘을 클릭한 후 ❹ [삽입]을 클릭합니다.

➕ 슬라이드 창에 책 모양 아이콘이 삽입됩니다.

02 ❶ 삽입한 아이콘을 '출판' 위쪽으로 드래그하여 위치시킨 후 ❷ 크기를 조절하기 위해 아이콘 개체의 크기 조절 핸들🔘 위에 마우스 포인터를 위치시킵니다. ❸ 마우스 포인터가 양쪽 화살표 모양🡕으로 변하면 Ctrl 을 누른 채 드래그해 크기를 조절합니다.

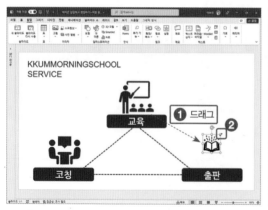

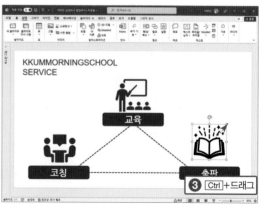

바로 통 하는TIP Shift 를 누른 상태에서 크기 조절 핸들🔘을 드래그하면 개체의 가로세로 비율을 유지하며 크기를 조절할 수 있습니다. Ctrl 을 누른 상태로 크기 조절 핸들🔘을 드래그하면 개체의 중심을 기준으로 크기가 조절됩니다.

아이콘을 도형으로 변환하기

03 ❶ 삽입한 아이콘을 클릭하고 ❷ [그래픽 형식] 탭–[변경] 그룹–[도형으로 변환]을 클릭합니다. 아이콘의 그룹이 해제되어 개별 도형으로 변경됩니다. ❸ 책 모양 도형 위쪽에서 드래그하여 빛 효과 모양 도형을 모두 선택한 후 Delete 를 눌러 삭제합니다.

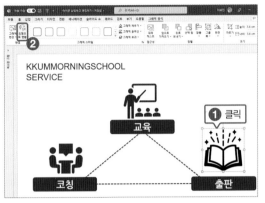
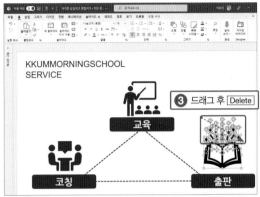

바로 **통** 하는**TIP** 그룹 해제 단축키는 Ctrl + Shift + G 입니다.

색 변경하기

04 ❶ 책 모양 도형을 클릭합니다. ❷ [도형 서식] 탭–[도형 스타일] 그룹–[도형 채우기 🖌]의 ⌄을 클릭한 후 ❸ [진한 파랑, 강조 1]을 클릭합니다. 책 모양 도형의 색이 변경됩니다.

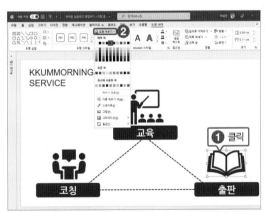
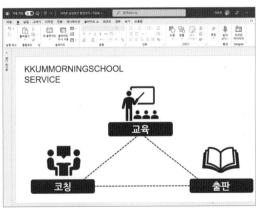

핵심기능

3D 모델 삽입하기

54

실습 파일 4장\3D 모델 삽입하기.pptx
완성 파일 4장\3D 모델 삽입하기_완성.pptx

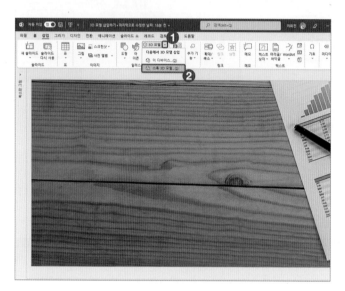

3D 모델 삽입하기

01 ❶[삽입] 탭-[일러스트레이션] 그룹-[3D 모델🔲]의 ⤵을 클릭하고 ❷[스톡 3D 모델]을 클릭합니다.

➕ [온라인 3D 모델] 대화상자가 나타납니다.

☑ **파워포인트 2016&이전 버전** 파워포인트 2019 버전을 포함한 이후 버전에서만 3D 모델을 삽입할 수 있습니다.

02 ❶[온라인 3D 모델] 대화상자에서 [Microsoft Products]를 클릭하고 ❷❸ 서피스와 마우스를 클릭한 후 ❹[삽입]을 클릭합니다. 선택한 3D 모델이 슬라이드 창에 삽입됩니다.

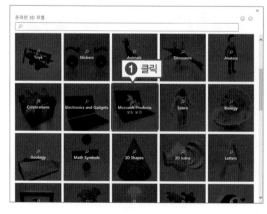

3D 모델 배치하기

03 삽입한 서피스와 마우스를 3D 컨트롤 █을 이용하여 회전하거나 기울인 후 크기를 조절하여 화면에 어울리도록 배치합니다.

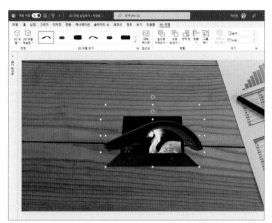 

쉽고 빠른 파워포인트 Note / **3D 모델 구성 요소 살펴보기**

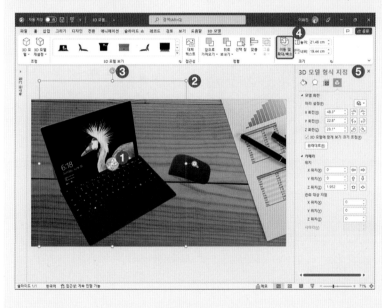

① **3D 컨트롤** : 3D 모델을 원하는 방향으로 회전하거나 기울입니다. 3D 컨트롤을 사용하면 3D 이미지를 더 풍부하게 표현할 수 있습니다.

② **이미지 핸들** : 3D 모델을 확대하거나 축소합니다.

③ **회전 핸들** : 3D 모델을 시계 방향 또는 시계 반대 방향으로 회전할 수 있습니다.

④ **이동 및 확대/축소** : 3D 모델의 위치와 크기를 프레임 내에서 조정합니다. [3D 모델] 탭-[크기] 그룹-[이동 및 확대/축소█]를 클릭한 후 프레임 내에서 개체를 드래그하여 이동합니다. 프레임 오른쪽에 있는 확대/축소 아이콘█을 사용하여 프레임 내에서 개체를 확대하거나 축소할 수 있습니다.

⑤ **3D 모델 형식 지정** : 3D 모델의 모양을 세밀하게 조정합니다.

핵심기능

55

디지털 잉크로 그리고 리플레이 실행하기

실습 파일 4장\디지털 잉크로 그리고 리플레이하기.pptx
완성 파일 4장\디지털 잉크로 그리고 리플레이하기_완성.pptx

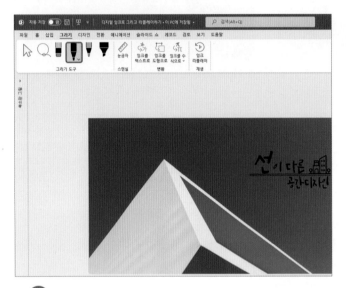

그리기 도구 선택하기

01 [그리기] 탭-[그리기 도구] 그룹에서 원하는 그리기 도구를 클릭합니다.

바로 통 하는TIP [그리기 도구] 그룹에 다른 펜을 추가하려면 [펜]을 마우스 오른쪽 버튼으로 클릭하고 [다른 펜 추가]를 클릭합니다.

바로 통 하는TIP 태블릿 PC처럼 터치가 지원되는 경우에 [그리기] 탭이 자동으로 활성화됩니다. 터치 지원 장치에서 손가락, 디지털 펜 또는 마우스를 사용하여 그립니다.

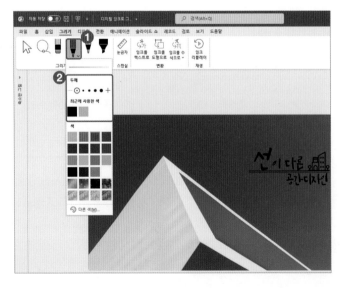

펜 두께, 색상 변경하기

02 ❶ 선택한 펜을 다시 한번 클릭합니다. ❷ 두께와 색상을 변경합니다.

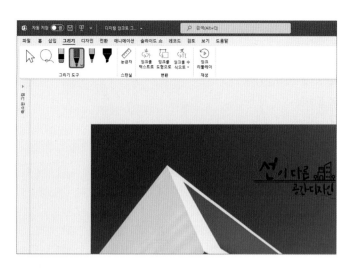

펜으로 그리기

03 변경된 펜으로 슬라이드 창에서 자유롭게 그려줍니다.

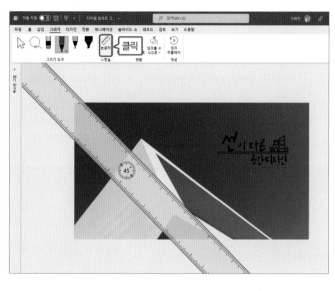

눈금자 사용하기

04 [그리기] 탭-[스텐실] 그룹-[눈금자]를 클릭합니다.

➕ 화면에 눈금자가 나타납니다.

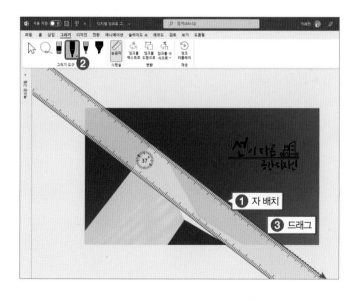

05 ❶ 배경 이미지에 있는 건물의 외곽선에 맞춰 눈금자를 위치시킵니다. ❷ [펜▮]을 클릭한 후 ❸ 자를 따라 선을 그립니다.

바로 통 하는 TIP 마우스를 사용하여 눈금자를 이동시키려면 눈금자를 드래그합니다. 마우스 왼쪽 버튼을 놓으면 눈금자 제어가 중지됩니다. 마우스 휠 버튼을 위로 스크롤하면 눈금자가 1도씩 늘어나며 회전하고 아래로 1도씩 줄어들며 회전합니다.

손을 사용하여 눈금자 제어하기

① 한 손가락을 사용하여 눈금자를 위/아래 또는 왼쪽/오른쪽으로 이동시킵니다.

② 두 손가락을 사용하여 눈금자를 원하는 각도로 회전합니다.

③ 세 손가락을 사용하여 눈금자를 5도씩 회전합니다.

키보드를 사용하여 눈금자 제어하기

키보드 사용을 선호하는 경우에는 슬라이드 표면에 눈금자를 활성화한 후 키를 조합하여 눈금자를 조작할 수 있습니다.

① [그리기] 탭-[스텐실] 그룹-[눈금자 ✎]를 클릭하여 슬라이드의 그리기 화면에 눈금자가 나타나도록 합니다.

② 눈금자를 클릭합니다.

③ Shift + F6 을 눌러 눈금자 조작 모드를 시작합니다.

④ 바로 가기 키를 사용하여 눈금자를 조작합니다.

작업	단축키
눈금자를 위쪽, 아래쪽 또는 왼쪽, 오른쪽으로 이동	↑, ↓, ←, →
눈금자를 15도씩 회전	Alt 를 누른 채 ← 또는 → 를 한 번씩 누르면 15도씩 회전합니다. ← 는 눈금자를 시계 반대 방향으로 회전시키고 → 는 시계 방향으로 회전시킵니다.
눈금자를 1도씩 회전	Alt + Ctrl 을 누른 채 ← 또는 → 를 한 번씩 누르면 1도씩 회전합니다. ← 는 눈금자를 시계 반대 방향으로 회전시키고 → 는 시계 방향으로 회전시킵니다.

눈금자를 이동하면 눈금자 가장자리에 눈금자 조작 모드가 켜져 있음을 나타내는 진한 회색 테두리가 표시됩니다.

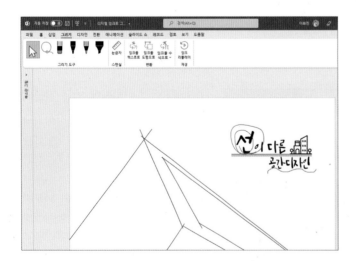

06 슬라이드 배경 이미지를 삭제하면 연필로 그린 화면만 남습니다.

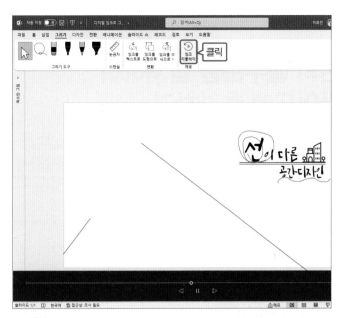

잉크 리플레이 실행하기

07 [그리기] 탭-[재생] 그룹-[잉크 리플레이🔄]를 클릭합니다.

➕ 잉크 스트로크가 그려지는 모습을 다시 볼 수 있습니다.

바로통하는TIP 슬라이드 쇼에서 잉크 리플레이를 실행하려면 [애니메이션] 탭-[애니메이션] 그룹에서 [재생] 또는 [되감기]를 적용한 후 파일을 저장합니다.

2010 \ 2013 \ 2016 \ 2019 \ 2021

화면의 일부분을 캡처하여 슬라이드에 추가하기

실습 파일 4장\화면의 일부분을 캡처하여 슬라이드에 추가하기.pptx
완성 파일 4장\화면의 일부분을 캡처하여 슬라이드에 추가하기_완성.pptx

화면 캡처하기

01 캡처할 화면이 있는 웹사이트에 접속한 후 파워포인트를 실행합니다. ❶ [삽입] 탭-[이미지] 그룹-[스크린샷📷]을 클릭하고 ❷ [화면 캡처]를 클릭합니다.

바로 통하는TIP 여러 개의 창이 열려 있으면 화면 캡처를 하기 전에 먼저 캡처할 부분이 있는 창을 클릭해야 합니다. 해당 창이 [화면 캡처]를 클릭했을 때 바로 열립니다.

02 파워포인트 화면을 표시하기 직전의 창이 열리며 화면이 흐린 상태로 변경됩니다. 마우스 포인터가 십자 모양으로 바뀌면 캡처할 영역을 드래그합니다. 드래그한 부분이 캡처되어 슬라이드에 추가됩니다. 캡처한 이미지는 화면에 어울리게 크기를 조절하고 적당한 위치에 배치합니다.

2010 \ 2013 \ 2016 \ 2019 \ 2021

사진과 아이콘을 활용한
슬라이드 디자인하기

실습 파일 4장 \ 사진과 아이콘을 활용한 슬라이드 디자인하기.pptx
완성 파일 4장 \ 사진과 아이콘을 활용한 슬라이드 디자인하기_완성.pptx

⊕ 예제 설명 및 완성 화면

'원 페이지 보고서'처럼 자신에 대해 소개하고 싶은 핵심 내용을 상대방이 쉽게 파악할 수 있도록 한 장의 슬라이드로 자기소개서를 만들어보겠습니다. 자기소개서에 사진이 들어가면 신뢰성을 높이고 오래도록 기억할 수 있는 슬라이드가 됩니다. 다만 텍스트가 많을 때 화려한 사진이 들어가면 자칫 슬라이드가 복잡해 보일 수 있으니 주의해야 합니다. 배경 제거 기능으로 사진의 배경을 제거한 후 적절한 위치에 배치하고 아이콘을 활용하여 내용의 주목도를 높여줍니다.

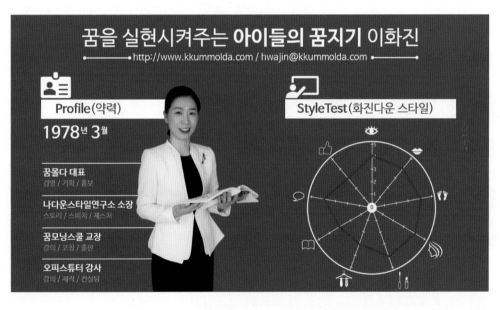

01 배경 제거 시작하기

슬라이드에 삽입한 사진의 배경을 제거하기 위해 사진을 클릭한 후 [그림 서식] 탭-[조정] 그룹-[배경
제거 ☐]를 클릭합니다. 리본 메뉴에서 [배경 제거] 탭이 선택되고 이미지의 배경 부분이 자홍색으로 표
시됩니다.

02 유지할 영역 표시하기

[배경 제거] 탭-[미세 조정] 그룹-[보관할 영역 표시 ☑]를 클릭한 후 사진에서 유지하고 싶은 부분을
드래그해 표시합니다. 드래그한 부분에 맞춰 자홍색이 걷히고 원래 이미지 색이 표시됩니다.

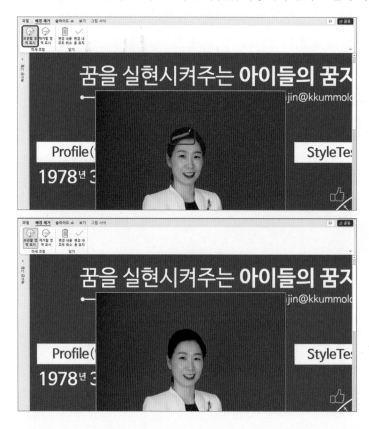

03 배경 제거하기

유지할 영역에 원래 이미지 색이 모두 표시되면 [배경 제거] 탭-[닫기] 그룹-[변경 내용 유지☑]를 클릭합니다. 배경이 제거된 그림만 남습니다.

 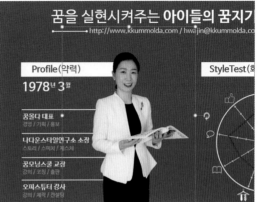

04 관련 아이콘으로 주목도 올리기

자기소개서에서 Profile과 Style Test에 관련된 아이콘을 삽입해보겠습니다. [삽입] 탭-[일러스트레이션] 그룹-[아이콘☺]을 클릭합니다. 삽입할 수 있는 아이콘 목록이 대화상자에 나타납니다.

우선
순위

혼자
해보기

프레젠
테이션
기본

슬라
이드
배경
서식

내용
작성
&
서식

시각화
&
멀티
미디어

슬라
이드
정리
&
저장

발표
준비
&
발표

05 아이콘 삽입하기

검색 상자에 **비즈니스**와 **사람**을 각각 입력하여 필요한 아이콘을 모두 클릭한 후 [삽입] 클릭합니다. 슬라이드 창에 선택한 아이콘이 모두 삽입됩니다.

06 아이콘 색상 변경하기

삽입한 아이콘이 모두 선택된 상태에서 [그래픽 형식] 탭–[그래픽 스타일] 그룹–[그래픽 채우기]의 을 클릭하고 [흰색, 배경 1]을 선택합니다. 아이콘을 슬라이드 내용에 맞게 각각 배치합니다. 핵심 내용을 쉽게 파악할 수 있는 슬라이드가 완성됩니다.

CHAPTER

05

멀티미디어
삽입하고
서식 지정하기

프레젠테이션에서 오디오와 비디오는 내용을 역동적으로 만들어줍니다. 단순히 슬라이드에 오디오와 비디오를 삽입하는 것뿐만 아니라 특정 부분만 실행거나 책갈피 기능을 사용하여 원하는 부분에 표시할 수 있습니다. 오디오를 원하는 슬라이드까지만 재생할 수 있으며 마치 그림처럼 비디오의 모양과 색을 변경할 수도 있습니다. 다만, 비디오의 경우 지나치게 변형하여 내용을 왜곡하지 않도록 주의합니다.

2010 / 2013 / 2016 / 2019 / 2021

오디오 삽입 후
특정 슬라이드까지 실행하기

실습 파일 5장\오디오 삽입 후 특정 슬라이드까지 실행하기.pptx
완성 파일 5장\오디오 삽입 후 특정 슬라이드까지 실행하기_완성.pptx

오디오 삽입하기

01 슬라이드 쇼를 실행했을 때 특정 슬라이드에서 배경 음악이 재생되도록 오디오를 삽입해보겠습니다. ❶ [1번 슬라이드]를 클릭합니다. ❷ [삽입] 탭-[미디어] 그룹-[오디오 🔊]를 클릭하고 ❸ [내 PC의 오디오]를 클릭합니다.

➕ [오디오 삽입] 대화상자가 나타납니다.

바로 **통**하는 **TIP** 파워포인트 창의 너비가 좁으면 [미디어] 그룹이 별도의 아이콘 메뉴로 표시됩니다.

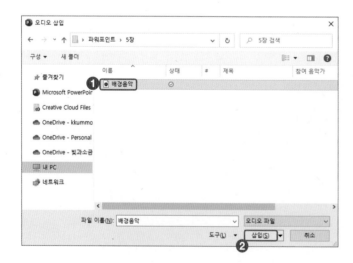

02 ❶ [오디오 삽입] 대화상자에서 '배경음악.mp3' 파일을 클릭하고 ❷ [삽입]을 클릭합니다.

바로 **통**하는 **TIP** 오디오 삽입 옵션 알아보기

[오디오 삽입] 대화상자에서 [삽입▼]을 클릭하면 삽입 관련 옵션을 지정할 수 있습니다.

• **삽입** : PPT 문서에 오디오 파일이 포함되므로 파일의 용량이 커집니다.

• **파일에 연결** : 파워포인트 파일과 오디오 파일의 경로가 같아야 하며 연결된 오디오 파일의 경로가 다를 경우 오디오가 실행되지 않습니다.

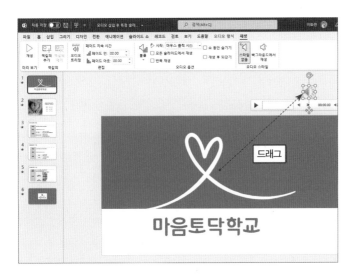

03 오디오 파일이 삽입되면 스피커 모양🔊 아이콘을 드래그하여 슬라이드 창 밖으로 이동시킵니다.

바로 통 하는 TIP 오디오 아이콘은 [재생] 탭– [오디오 옵션] 그룹–[쇼 동안 숨기기]에 체크하면 슬라이드 쇼 화면에서 보이지 않습니다.

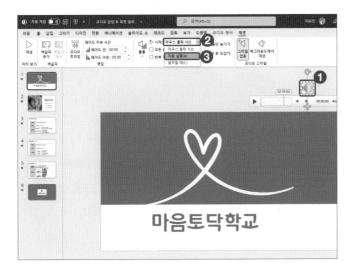

슬라이드 쇼 실행 시 오디오 자동 실행하기

04 슬라이드 쇼가 시작될 때 오디오가 자동으로 실행되도록 설정해보겠습니다. ❶ 오디오 아이콘을 클릭합니다. ❷ [재생] 탭–[오디오 옵션] 그룹–[시작☑]을 클릭하고 ❸ [자동 실행]을 클릭합니다.

➕ 슬라이드 쇼를 실행하면 삽입한 오디오가 자동으로 재생됩니다.

오디오를 [2번 슬라이드]까지 실행하기

05 [애니메이션] 탭–[애니메이션] 그룹에서 [추가 효과 옵션 표시⬖]를 클릭합니다.

➕ [오디오 재생] 대화상자가 나타납니다.

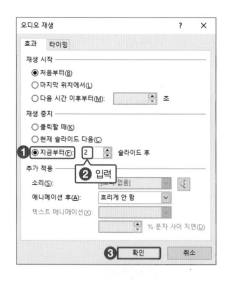

06 ❶ [오디오 재생] 대화상자에서 [효과] 탭-[재생 중지]-[지금부터]를 클릭하고 ❷ 2를 입력합니다. ❸ [확인]을 클릭합니다.

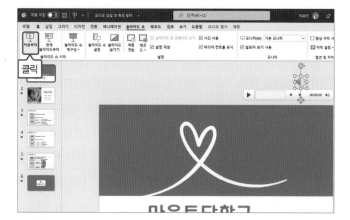

슬라이드 쇼 실행하기

07 [슬라이드 쇼] 탭-[슬라이드 쇼 시작] 그룹-[처음부터 🖳]를 클릭합니다. 슬라이드 쇼가 실행되면 오디오도 함께 실행됩니다. 실행되는 슬라이드부터 두 번째에 해당하는 [2번 슬라이드]까지 오디오가 계속 실행되다가 세 번째인 [3번 슬라이드]에서 재생이 중지됩니다.

바로 통 하는TIP 빠른 실행 도구 모음에서 [처음부터 시작🖳]을 클릭하거나 F5를 눌러도 처음부터 슬라이드 쇼가 실행됩니다.

쉽고 빠른 파워포인트 Note 지원되는 오디오 파일 형식

MP4 파일은 파워포인트 2013 이상 버전에서만 사용 가능합니다. 32비트의 파워포인트 2010 버전에서 사용하려면 컴퓨터에 QuickTime Player가 설치되어 있어야 합니다.

파일 형식	확장자
AIFF 오디오 파일	aiff
AU 오디오 파일	au
MIDI 파일	mid 또는 midi
MP3 오디오 파일	mp3
MPEG-4 오디오 파일	m4a, mp4
Windows 오디오 파일	wav
Windows Media 오디오 파일	wma

핵심기능

58

오디오 트리밍 후 시작과 끝부분 부드럽게 만들기

실습 파일 5장\오디오 트리밍 후 시작과 끝부분 부드럽게 만들기.pptx
완성 파일 5장\오디오 트리밍 후 시작과 끝부분 부드럽게 만들기_완성.pptx

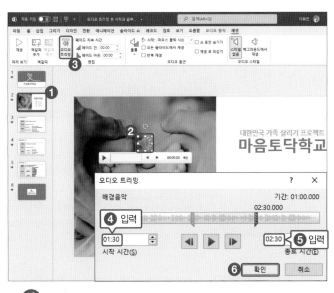

오디오 트리밍하기

01 ❶ [2번 슬라이드]를 클릭하고 ❷ 슬라이드 창에서 오디오 아이콘을 클릭합니다. ❸ [재생] 탭-[편집] 그룹-[오디오 트리밍▥]을 클릭합니다. ❹ [오디오 트리밍] 대화상자에서 [시작 시간]을 **01:30**, ❺ [종료 시간]을 **02:30**으로 입력하고 ❻ [확인]을 클릭합니다.

➕ 오디오를 재생하면 [시작 시간]부터 [종료 시간]까지에 해당하는 부분만 재생됩니다.

바로 통 하는 TIP 시간 표시 막대에서 초록색 표식으로 시작 시간을, 빨간색 표식으로 종료 시간을 설정할 수 있습니다. 트리밍을 해도 파일 용량은 변하지 않으며 오디오를 원래 상태로 복원할 수 있습니다.

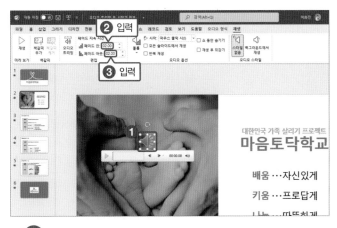

페이드 인/아웃 설정하기

02 오디오 트리밍 후 시작과 종료 지점을 자연스럽게 만들어보겠습니다. ❶ 오디오 아이콘을 선택합니다. ❷ [재생] 탭-[편집] 그룹-[페이드 인]에 **02:00**을 입력하고 ❸ [페이드 아웃]에 **02:00**을 입력합니다.

➕ 페이드 인/아웃 처리되어 오디오가 부드럽게 시작하고 부드럽게 끝납니다.

바로 통 하는 TIP 오디오를 재생하려면 오디오 컨트롤에서 [재생▶]을 클릭합니다.

2010 \ 2013 \ 2016 \ 2019 \ 2021

비디오 삽입 후
빠른 스타일 적용하기

실습 파일 5장\비디오 삽입 후 빠른 스타일 적용하기.pptx
완성 파일 5장\비디오 삽입 후 빠른 스타일 적용하기_완성.pptx

비디오 삽입하기

01 ❶ [삽입] 탭—[미디어] 그룹—[비디오 ▣]를 클릭하고 ❷ [이 디바이스]를 클릭합니다. ❸ [비디오 삽입] 대화상자에서 '감사.mp4' 파일을 클릭하고 ❹ [삽입]을 클릭합니다.

➕ 슬라이드 창에 비디오가 삽입됩니다.

바로 통 하는TIP 파워포인트 창의 너비가 좁으면 [미디어] 그룹이 별도의 아이콘 메뉴로 표시됩니다.

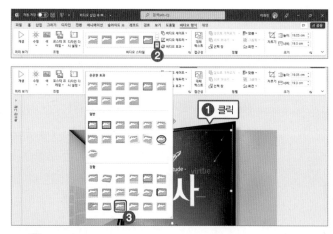

비디오에 빠른 스타일 적용하기

02 ❶ 슬라이드 창에서 비디오를 클릭한 후 ❷ [비디오 형식] 탭—[비디오 스타일] 그룹—[자세히 ▽]를 클릭합니다. ❸ [강함]—[모니터, 회색]을 클릭합니다.

➕ 비디오가 모니터에 표시되는 것처럼 보입니다.

바로 통 하는TIP 온라인 비디오 삽입하기

슬라이드에 YouTube, Vimeo 또는 SlideShare의 온라인 비디오를 삽입할 수 있고 Microsoft 365 구독자는 Microsoft Stream의 비디오를 삽입할 수 있습니다. 온라인에 있는 비디오를 성공적으로 재생하려면 웹 사이트에서 원하는 비디오를 찾은 후 주소 표시줄의 URL을 복사합니다. 파워포인트에서 비디오를 배치할 슬라이드를 선택합니다. [삽입] 탭—[미디어] 그룹—[비디오]—[온라인 비디오]를 클릭한 후 [온라인 비디오] 대화상자에 복사한 URL을 붙여 넣고 [삽입]을 클릭합니다.

슬라이드 쇼 실행 시 자동으로 비디오 실행하기

03 슬라이드 쇼가 시작할 때 비디오가 자동으로 재생되도록 설정해보겠습니다. ❶ 비디오를 클릭합니다. ❷ [재생] 탭-[비디오 옵션] 그룹-[시작▾]을 클릭하고 ❸ [자동 실행]을 클릭합니다.

바로 통 하는 TIP [재생] 탭-[비디오 옵션] 그룹-[전체 화면 재생]에 체크하면 비디오에 적용된 서식과 상관없이 비디오만 화면 전체에서 재생됩니다. 슬라이드 공간이 부족하거나 비디오를 선택적으로 재생하는 경우에 유용합니다.

슬라이드 쇼 실행하기

04 [슬라이드 쇼] 탭-[슬라이드 쇼 시작] 그룹-[처음부터 ☷]를 클릭합니다. 슬라이드 쇼가 실행되며 비디오도 함께 실행됩니다.

쉽고 빠른 파워포인트 Note   지원되는 비디오 파일 형식

MP4 파일은 파워포인트 2013 이상 버전에서만 사용 가능합니다. 32비트의 파워포인트 2010 버전에서 사용하려면 컴퓨터에 QuickTime Player가 설치되어 있어야 합니다. 일부 윈도우 비디오 파일은 추가 코덱이 필요할 수 있습니다.

파일 형식	확장자
윈도우 미디어 파일	asf
윈도우 비디오 파일	avi
MP4 비디오 파일	mp4, m4v, mov
동영상 파일	mpg 또는 mpeg
Windows Media 비디오 파일	wmv

2010 \ 2013 \ 2016 \ 2019 \ 2021

비디오 모양 및 서식 변경하기

실습 파일 5장\비디오 모양 및 서식 변경하기.pptx
완성 파일 5장\비디오 모양 및 서식 변경하기_완성.pptx

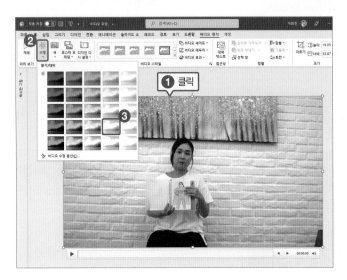

비디오 밝기 및 대비 개선하기

01 어둡게 보이는 비디오의 밝기와 대비를 조정해보겠습니다. ❶ 슬라이드 창에 삽입된 비디오를 클릭합니다. ❷ [비디오 형식] 탭-[조정] 그룹-[수정☀]을 클릭하고 ❸ [밝기: +20%, 대비: +20%]를 클릭합니다.

➕ 비디오 화면이 밝아집니다.

비디오 모양 변경하기

02 ❶ 비디오가 선택된 상태에서 [비디오 형식] 탭-[크기] 그룹-[자르기▢]를 클릭합니다. ❷ 꺾쇠 모양의 자르기 핸들을 드래그하여 원하는 부분만 남도록 밝은 영역을 조정합니다. ❸ 슬라이드 창에서 비디오 외의 영역을 클릭합니다.

➕ 비디오에서 필요한 부분만 남습니다.

바로 통하는 TIP 남겨지는 비디오 영역을 변경하려면 비디오를 드래그하여 이동합니다.

비디오 모양 변경하기

03 비디오를 평행 사변형으로 변경해보겠습니다. ❶ 비디오를 클릭합니다. ❷ [비디오 형식] 탭-[비디오 스타일] 그룹-[비디오 셰이프🔲]를 클릭한 후 ❸ [평행 사변형▱]을 클릭합니다. ❹ 비디오 왼쪽 상단의 모양 조절 핸들⬤을 좌우로 움직여 원하는 모양으로 변경합니다.

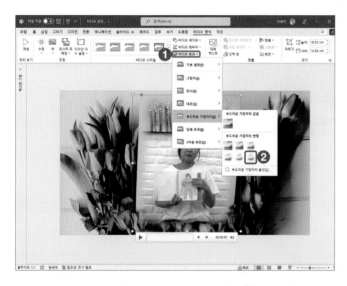

비디오에 부드러운 가장자리 효과 적용하기

04 ❶ 비디오가 선택된 상태에서 [비디오 형식] 탭-[비디오 스타일] 그룹-[비디오 효과🖼]를 클릭한 후 ❷ [부드러운 가장자리]-[50 포인트]을 클릭합니다.

바로 통 하는TIP 비디오에서 변경한 모든 서식을 취소하려면 비디오를 클릭한 후 [비디오 형식] 탭-[조정] 그룹-[디자인 다시 설정]을 클릭합니다.

05 비디오가 슬라이드 배경과 어울리게 변경되었습니다.

전체 비디오 중
원하는 부분만 트리밍해 남기기

핵심기능

61

2010 \ 2013 \ 2016 \ 2019 \ 2021

실습 파일 5장\전체 비디오 중 원하는 부분만 트리밍해 남기기.pptx
완성 파일 5장\전체 비디오 중 원하는 부분만 트리밍해 남기기_완성.pptx

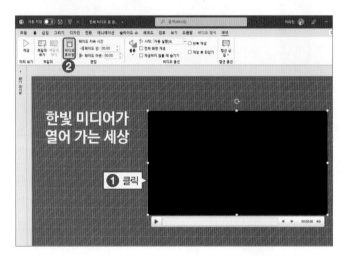

비디오 트리밍하기

01 비디오에서 원하는 구간만 재생되도록 조정해보겠습니다. ❶ 슬라이드 창에서 비디오를 클릭하고 ❷ [재생] 탭-[편집] 그룹-[비디오 트리밍🎞]을 클릭합니다.

➕ [비디오 트리밍] 대화상자가 나타납니다.

시작과 종료 지점 지정하기

02 ❶ [비디오 트리밍] 대화상자에서 [시작 시간]에 **00:29**, ❷ [종료 시간]에 **00:36**을 입력하고 ❸ [확인]을 클릭합니다.

03 비디오 하단의 컨트롤에서 [재생/일시 중지▶]를 클릭합니다. 앞서 트리밍한 약 7초 분량의 구간만 재생되는 것을 확인할 수 있습니다.

핵심기능

62

비디오에 책갈피로 특정 지점 지정하기

실습 파일 5장\비디오에 책갈피로 특정 지점 지정하기.pptx
완성 파일 5장\비디오에 책갈피로 특정 지점 지정하기_완성.pptx

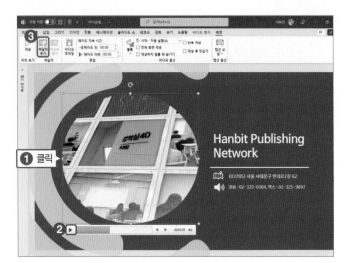

비디오 클립에 책갈피 추가하기

01 비디오에 특정 지점을 표시해 보겠습니다. ❶ 슬라이드 창에서 비디오를 클릭합니다. ❷ 비디오 하단의 컨트롤에서 [재생/일시 중지▶]를 클릭해 표시하고 싶은 특정 지점을 찾습니다. ❸ 원하는 지점에서 [재생/일시 중지▶]를 클릭해 비디오를 멈춘 후 [재생] 탭─[책갈피] 그룹─[책갈피 추가⬚]를 클릭합니다.

02 책갈피를 추가한 지점에 노란색 원이 표시됩니다.

바로통하는TIP 추가한 책갈피를 삭제하려면 시간 표시 막대에서 제거할 책갈피를 클릭한 후 [재생] 탭─[책갈피] 그룹─[책갈피 제거⬚]를 클릭합니다.

핵심기능

63

비디오 표지 만들기

실습 파일 5장\비디오 표지 만들기.pptx
완성 파일 5장\비디오 표지 만들기_완성.pptx

비디오 미리 보기 이미지 설정하기

01 비디오의 내용을 잘 전달할 수 있도록 관련 이미지를 비디오의 표지로 설정해보겠습니다. ❶ 비디오를 클릭합니다. ❷ [비디오 형식] 탭-[조정] 그룹-[포스터 프레임🖼]을 클릭하고 ❸ [파일의 이미지]를 클릭합니다. ❹ [그림 삽입]-[파일에서]를 클릭합니다. ❺ [그림 삽입] 대화상자에서 '비디오 표지.jpg' 파일을 더블클릭합니다. 삽입한 그림이 비디오의 첫 화면으로 적용됩니다.

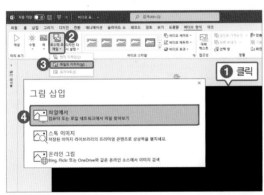

페이드 인 기능으로 비디오를 부드럽게 시작하기

02 비디오가 영상으로 부드럽게 넘어가도록 설정해보겠습니다. ❶ 비디오를 클릭하고 ❷ [재생] 탭-[편집] 그룹-[페이드 인]에 **03.00**을 입력합니다. ❸ [재생▶]을 클릭합니다.

➕ 페이드 인 기능이 적용되어 비디오가 부드럽게 시작합니다.

바로 통하는 TIP 비디오를 재생하려면 하단의 비디오 컨트롤에서 [재생▶]을 클릭해도 됩니다.

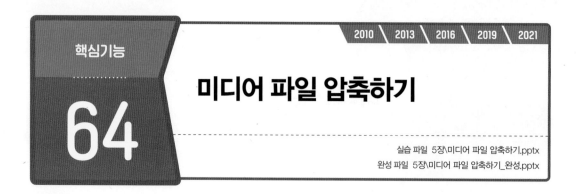

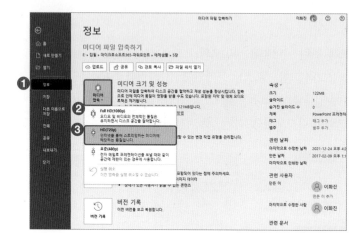

미디어 파일 압축하기

01 미디어 파일을 압축해보겠습니다. ❶ [파일] 탭–[정보]를 클릭합니다. [미디어 크기 및 성능]에서 프레젠테이션 파일에 포함된 미디어 용량의 합계를 확인할 수 있습니다. 현재 용량은 121MB입니다. ❷ [미디어 압축]을 클릭하고 ❸ [HD(720p)]을 클릭합니다.

➕ [미디어 압축] 대화상자가 나타나고 압축이 진행됩니다.

02 [미디어 압축] 대화상자에서 압축 진행률을 확인할 수 있습니다. 압축이 끝나면 [닫기]를 클릭하여 대화상자를 닫아줍니다. 미디어 파일의 용량이 18MB로 줄어들었습니다.

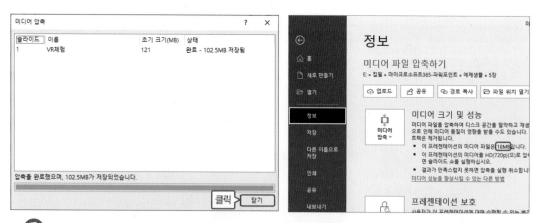

바로 통하는 TIP 압축한 미디어 파일을 원래 용량으로 복구하려면 [파일] 탭–[정보]를 클릭한 후 [미디어 압축]–[실행 취소]를 클릭합니다.

회사통 · 혼자 해보기

2010 \ 2013 \ 2016 \ 2019 \ 2021

동영상을 활용한
슬라이드 디자인하기

실습 파일 5장\동영상을 활용한 슬라이드 디자인하기.pptx
완성 파일 5장\동영상을 활용한 슬라이드 디자인하기_완성.pptx

예제 설명 및 완성 화면

슬라이드에 역동성을 더하여 청중의 주목을 끌어낼 수 있도록 비디오를 편집해보겠습니다. 슬라이드에
비디오를 삽입할 때 가장 중요한 작업은 불필요한 부분을 잘라내는 것입니다. 발표용 영상이 완성되면
비디오 표지를 만들고 표지와 영상 사이가 부드럽게 연결되도록 처리해줍니다. 비디오 편집 프로그램
을 따로 사용할 필요 없이 파워포인트만으로도 비디오를 손쉽게 편집할 수 있습니다.

01 비디오 삽입하기

[삽입] 탭-[미디어] 그룹-[비디오 ▣]를 클릭하고 [이 디바이스]를 클릭합니다. [비디오 삽입] 대화상자에서 '그림 프레젠테이션 만들기.mp4' 파일을 클릭하고 [삽입]을 클릭합니다. 슬라이드 창에 해당 비디오가 삽입됩니다.

바로 통하는 TIP 파워포인트 창의 너비가 좁으면 [미디어] 그룹이 별도의 아이콘 메뉴로 표시됩니다.

02 비디오 모양 변경하기

슬라이드 배경에서 모니터 부분에 비디오가 위치하도록 크기를 줄여 배치합니다. [비디오 형식] 탭-[비디오 스타일] 그룹-[비디오 셰이프 ▣]를 클릭하고 [사각형]-[사각형 : 둥근 모서리 ▢]를 클릭합니다. 동영상 클립 왼쪽 상단에 있는 노란색 조절 핸들을 드래그하여 둥근 테두리를 적절하게 조절합니다. 비디오의 모양이 모니터 화면인 것처럼 자연스럽게 변경됩니다.

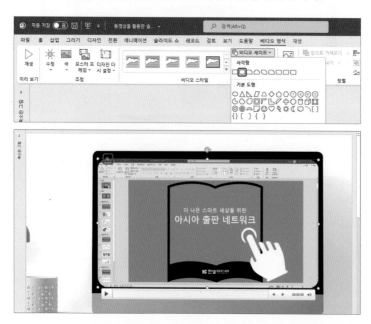

03 비디오 스타일 변경하기

[비디오 형식] 탭-[비디오 스타일] 그룹-[비디오 효과 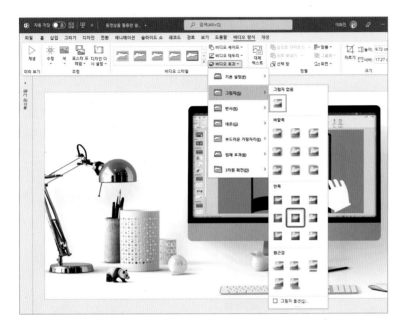]를 클릭하고 [그림자]-[안쪽]-[안쪽 : 가운데]
를 클릭합니다. 비디오 안쪽에 그림자 효과가 적용되어 모서리를 둥글게 변경한 부분이 더욱 자연스러
워집니다.

04 비디오 트리밍하기

비디오가 선택된 상태에서 [재생] 탭-[편집] 그룹-[비디오 트리밍 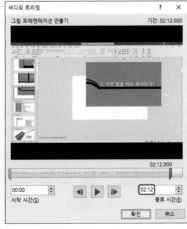]을 클릭합니다. [비디오 트리밍]
대화상자에서 [종료 시간]에 **02:12**를 입력하고 [확인]을 클릭합니다. 비디오 분량이 잘려 앞서 입력한
종료 시간 이후의 구간은 재생되지 않습니다.

05 비디오 표지 삽입하기

비디오가 선택된 상태에서 [비디오 형식] 탭-[조정] 그룹-[포스터 프레임⬚]을 클릭하고 [파일의 이미지]를 클릭합니다. [그림 삽입] 대화상자에서 [파일에서]를 클릭합니다. [그림 삽입] 대화상자에서 '그림 프레젠테이션 만들기 표지.jpg' 파일을 클릭하고 [삽입]을 클릭합니다. 선택한 그림 파일이 비디오 표지로 삽입됩니다.

06 페이드 인 설정하고 비디오 자동 실행하기

비디오 표지와 영상 사이를 부드럽게 연결하겠습니다. 비디오가 선택된 상태에서 [재생] 탭-[편집] 그룹-[페이드 인]에 **02.00**을 입력합니다. 슬라이드 쇼 실행 시 비디오를 자동으로 재생하기 위해 [재생] 탭-[비디오 옵션] 그룹-[시작⬚]에서 [자동 실행]을 클릭합니다. 슬라이드 쇼를 실행해보면 비디오가 자동으로 재생되고 페이드 인 기능이 적용되어 부드럽게 시작합니다.

CHAPTER

06

프레젠테이션 슬라이드 정리 및 저장하기

슬라이드를 정리하고 저장하는 방법에 대해서 알아보겠습니다. 슬라이드 제목이나 번호가 불분명하여 해당 슬라이드를 찾지 못하는 경우가 있습니다. 이때 슬라이드를 유사한 내용별로 구역을 나누어 정리하면 쉽고 빠르게 원하는 슬라이드를 찾을 수 있습니다. 정리가 끝나면 슬라이드를 저장합니다. PDF 문서나 비디오 파일, 그림 프레젠테이션 등 다양한 방법으로 저장할 수 있습니다.

핵심기능

65

슬라이드를 구역으로 나누어 정리하기

실습 파일 6장\슬라이드를 구역으로 나누어 정리하기.pptx
완성 파일 6장\슬라이드를 구역으로 나누어 정리하기_완성.pptx

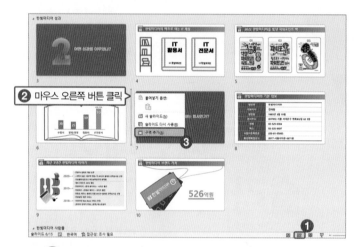

② 마우스 오른쪽 버튼 클릭

구역 추가하기

01 ❶ 화면 오른쪽 아래의 [여러 슬라이드 ▦]를 클릭합니다. ❷ 구역을 추가하고자 하는 [6번 슬라이드]와 [7번 슬라이드] 사이를 마우스 오른쪽 버튼으로 클릭하고 ❸ [구역 추가]를 클릭합니다.

➕ [7번 슬라이드]부터 새로운 구역이 추가됩니다.

바로 통 하는 TIP 여러 슬라이드 보기는 [보기] 탭–[프레젠테이션 보기] 그룹–[여러 슬라이드]를 클릭해도 됩니다.

바로 통 하는 TIP 구역을 추가할 때는 [홈] 탭–[슬라이드] 그룹–[구역]을 클릭한 후 [구역 추가]를 클릭해도 됩니다.

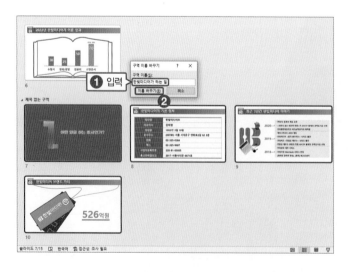

❶ 입력

구역 이름 바꾸기

02 ❶ [구역 이름 바꾸기] 대화상자가 나타나면 [구역 이름]에 **한빛미디어가 하는 일**을 입력하고 ❷ [이름 바꾸기]를 클릭합니다.

➕ 구역 이름이 '한빛미디어가 하는 일'로 변경되었습니다.

바로 통 하는 TIP 구역 이름을 바꿀 때는 구역 이름을 마우스 오른쪽 버튼으로 클릭하여 [구역 이름 바꾸기]를 클릭하거나 [홈] 탭–[슬라이드] 그룹–[구역]을 클릭한 후 [구역 이름 바꾸기]를 클릭해도 됩니다.

구역 이동하기

03 ❶ 이동하려는 [한빛미디어가 하는 일] 구역을 마우스 오른쪽 버튼으로 클릭합니다. ❷ [구역을 위로 이동]을 클릭합니다. 구역이 위로 이동하면서 슬라이드 순서도 변경되었습니다.

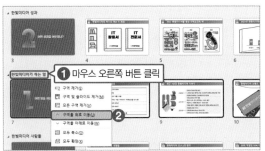 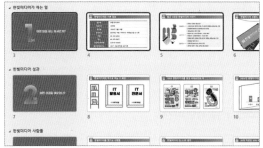

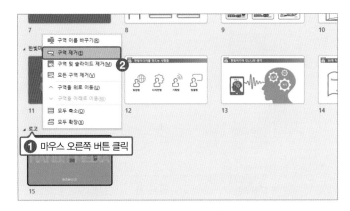

구역 삭제하기

04 ❶ 불필요한 [로고] 구역을 마우스 오른쪽 버튼으로 클릭합니다. ❷ [구역 제거]를 클릭해 구역을 삭제합니다.

➕ 구역은 제거되고 슬라이드는 그대로 남습니다.

바로통하는TIP 구역을 제거할 때는 [홈] 탭－[슬라이드] 그룹－[구역]을 클릭한 후 [구역 제거]를 클릭해도 됩니다. 만들어진 모든 구역을 제거하려면 [홈] 탭－[슬라이드] 그룹－[구역]을 클릭한 후 [모든 구역 제거]를 클릭합니다.

모든 구역 축소하기

05 모든 구역을 축소해보겠습니다. ❶ 임의의 구역 이름을 마우스 오른쪽 버튼으로 클릭하고 ❷ [모두 축소]를 클릭합니다. 모든 구역이 축소되고 각 구역 이름 옆에 해당 구역이 포함하는 슬라이드 개수가 표시됩니다.

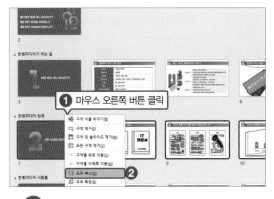 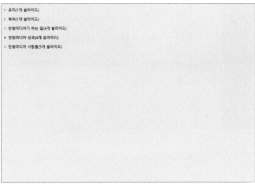

바로통하는TIP 모든 구역을 축소할 때는 [홈] 탭－[슬라이드] 그룹－[구역]을 클릭한 후 [모두 축소]를 클릭해도 됩니다.

우선
순위

혼자
해보기

프레젠
테이션
기본

슬라
이드
배경
서식

내용
작성
&
서식

시각화
&
멀티
미디어

슬라
이드
정리
&
저장

발표
준비
&
발표

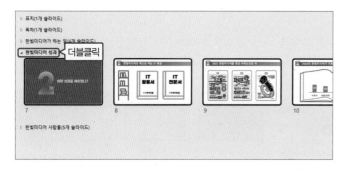

특정 구역만 확장하기

06 [한빛미디어 성과] 구역을 더블 클릭합니다.

➕ 더블클릭한 구역이 확장됩니다.

바로**통**하는**TIP** 특정 구역만 축소하고 싶다면 확장된 해당 구역을 더블클릭합니다.

모든 구역 확장하기

07 모든 구역을 확장해보겠습니다. ❶ 임의의 구역 이름을 마우스 오른쪽 버튼으로 클릭하고 ❷ [모두 확장]을 클릭합니다. 모든 구역이 확장되었습니다.

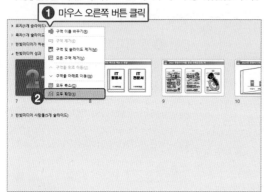

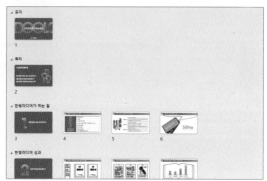

바로**통**하는**TIP** 모든 구역을 확장할 때는 [홈] 탭—[슬라이드] 그룹—[구역▣]을 클릭한 후 [모두 확장]을 클릭해도 됩니다.

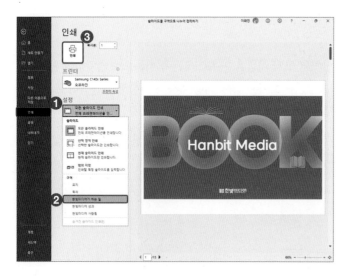

특정 구역 슬라이드만 인쇄하기

08 ❶ [파일] 탭—[인쇄]를 클릭하고 ❷ [설정]—[구역]—[한빛미디어가 하는 일]을 클릭합니다. ❸ [인쇄]를 클릭합니다.

➕ [한빛미디어가 하는 일]에 해당하는 슬라이드만 인쇄됩니다.

특정 구역 슬라이드만 화면 전환하기

09 ❶ [한빛미디어 성과] 구역을 클릭합니다. ❷ [전환] 탭-[슬라이드 화면 전환] 그룹-[자세히⊻]를 클릭한 후 ❸ [화려한 효과]-[갤러리]를 클릭합니다.

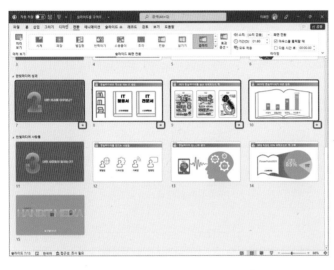

10 [한빛미디어 성과] 구역에 해당하는 슬라이드에 [갤러리] 화면 전환 효과가 적용됩니다. 각 슬라이드 오른쪽 아래에 화면 전환 효과가 적용되었다는 별 모양이 표시됩니다.

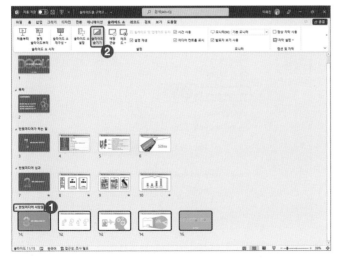

특정 구역 슬라이드만 숨기기

11 ❶ [한빛미디어 사람들] 구역을 클릭합니다. ❷ [슬라이드 쇼] 탭-[설정] 그룹-[슬라이드 숨기기▨]를 클릭합니다.

➕ [한빛미디어 사람들] 구역에 해당하는 슬라이드가 흐리게 변하고 아래쪽 번호에 사선 표시가 생깁니다. 사선 표시는 슬라이드 쇼 실행 시 슬라이드가 보이지 않는다는 의미입니다.

핵심기능

66

자동 저장 파일 만들기

실습 파일 6장\자동 저장 파일 만들기.pptx
완성 파일 OneDrive\자동 저장 파일 만들기.pptx

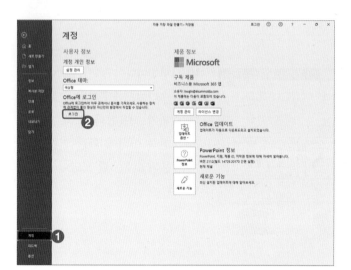

로그인하기

01 자동 저장 기능을 사용하기 위해 OneDrive에 로그인합니다. **1** [파일] 탭─[계정]을 클릭하고 **2** [Office에 로그인]─[로그인]을 클릭합니다. **3** Microsoft에 등록된 이메일 계정을 입력하고 **4** [다음]을 클릭합니다. **5** 암호를 입력한 후 **6** [로그인]을 클릭합니다.

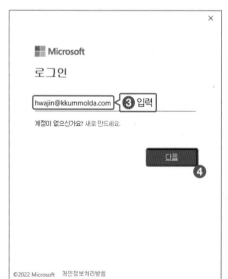

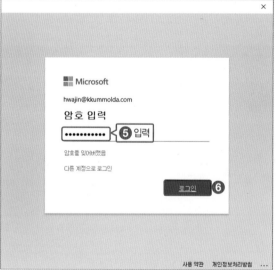

바로통하는TIP OneDrive 계정을 설정하려면 Microsoft 계정이 있어야 합니다.

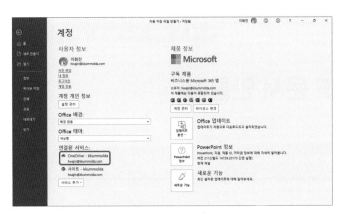

02 연결된 서비스에 OneDrive가 추가됩니다.

바로 통하는TIP OneDrive가 보이지 않으면 [서비스 추가]-[저장소]-[OneDrive]를 클릭합니다.

OneDrive에 저장하기

03 자동 저장 기능을 켜기 위해 파일을 OneDrive에 저장합니다. ❶ [파일] 탭-[다른 이름으로 저장]-[OneDrive-kkummolda]를 클릭합니다. ❷ OneDrive 내에 저장 위치를 지정한 후 [저장]을 클릭합니다. OneDrive에 파일이 저장됩니다.

쉽고 빠른 파워포인트 Note │ 자동 저장 모드 전환하기

자동 저장은 Microsoft 365 버전에서 사용할 수 있는 기능입니다. 자동 저장 기능을 사용하면 몇 초마다 파일을 저장합니다. 파일을 OneDrive, 비즈니스용 OneDrive 또는 SharePoint Online에 저장한 경우 화면 왼쪽 상단의 [자동 저장]이 [끔]에서 [켬]으로 전환됩니다. 자동 저장 스위치가 [켬]이면 자동 저장이 설정되고 [끔]이면 자동 저장이 해제됩니다. 문서를 처음 OneDrive 또는 SharePoint 라이브러리에 저장하는 경우에는 위치를 선택하라는 메시지가 표시됩니다.

▲ 자동 저장 해제   ▲ 자동 저장 설정

▲ 자동 저장 경로 설정

핵심기능

67

PDF 문서 만들기

실습 파일 6장\PDF 문서 만들기.pptx
완성 파일 6장\PDF 문서 만들기.pdf

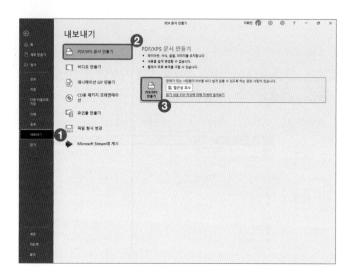

PDF 문서 만들기

01 ❶ [파일] 탭-[내보내기]를 클릭합니다. ❷ [PDF/XPS 문서 만들기]를 클릭하고 ❸ [PDF/XPS 만들기]를 클릭합니다.

02 ❶ [PDF 또는 XPS로 게시] 대화상자에서 [파일 이름]에 **PDF 문서 만들기**를 입력하고 ❷ [게시]를 클릭합니다.

➕ 전체 슬라이드 내용이 PDF 형식으로 변경됩니다.

바로 통하는TIP PDF Reader가 설치되어 있어야 PDF 파일을 볼 수 있습니다.

바로 통하는TIP [PDF 또는 XPS로 게시] 대화상자에서 [옵션]을 클릭하면 PDF 문서의 범위 및 게시 형태를 사용자가 원하는 대로 설정할 수 있습니다.

핵심기능

68

비디오 파일 만들기

실습 파일 6장\비디오 파일 만들기.pptxx
완성 파일 6장\비디오 파일 만들기.mp4

비디오로 저장하기

01 ❶ [파일] 탭-[내보내기]를 클릭하고 ❷ [비디오 만들기]를 클릭합니다. ❸ 비디오 품질을 [표준 (480p)]로 선택하고 ❹ 기록된 시간 및 설명 사용 여부를 [기록된 시간 및 설명 사용 안 함]으로 선택합니다.

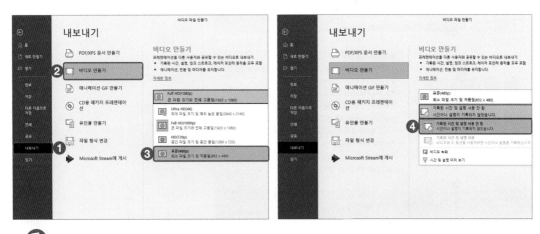

바로 통하는 TIP [Ultra HD(4K)] 옵션은 Windows 10 이상의 사용 환경에서만 사용할 수 있습니다.

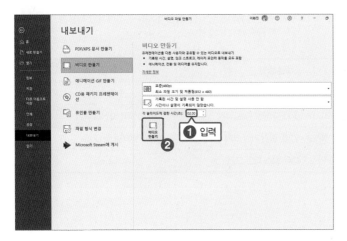

02 비디오 재생 시 각각의 슬라이드를 2초씩 보여주면서 화면이 재생되도록 설정해보겠습니다. ❶ [각 슬라이드에 걸린 시간(초)]에 **02.00**을 입력하고 ❷ [비디오 만들기]를 클릭합니다.

➕ [다른 이름으로 저장] 대화상자가 나타납니다.

03 ❶ [다른 이름으로 저장] 대화 상자에서 [파일 이름]에 **비디오 파일 만들기**를 입력하고 ❷ [비디오 형식]을 [MPEG-4 비디오]로 선택한 후 ❸ [저장]을 클릭합니다.

➕ '비디오 만들기.mp4' 파일이 저장됩니다.

바로 통하는TIP 압축률이 좋은 MPEG-4 비디오가 기본 파일 형식(mp4)이지만 Windows Media 비디오 형식(wmv)으로도 저장할 수 있습니다.

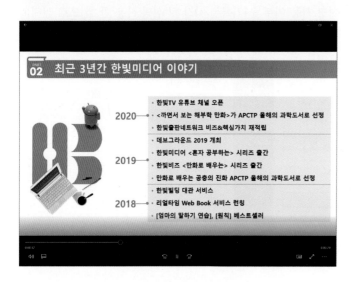

04 저장된 비디오 파일을 실행해서 프레젠테이션을 확인할 수 있습니다.

쉽고 빠른 파워포인트 Note | 비디오 해상도와 원하는 비디오 품질 선택

비디오 품질이 높을수록 파일 크기가 커집니다. Ultra HD(4K) 옵션은 Windows 10 이상의 사용 환경에서만 사용할 수 있습니다.

옵션	해결 방법	표시
Ultra HD(4K)	3840×2160, 최대 파일 크기	큰 모니터
Full HD(1080p)	1920×1080, 대용량 파일 크기	컴퓨터 및 HD 화면
HD(720p)	1280×720, 중간 파일 크기	인터넷 및 DVD
Standard(480p)	852×480, 최소 파일 크기	휴대용 장치

핵심기능

69

애니메이션 GIF 만들기

실습 파일 6장\애니메이션 GIF 만들기.pptx
완성 파일 6장\애니메이션 GIF 만들기_완성.gif

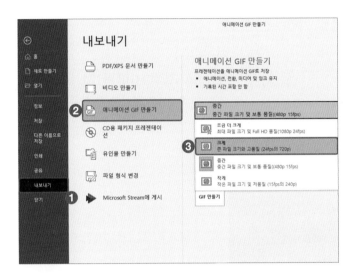

애니메이션 GIF 만들기

01 ❶ [파일] 탭-[내보내기]를 클릭합니다. ❷ [애니메이션 GIF 만들기]를 클릭합니다. ❸ 애니메이션 품질은 [크게]로 선택합니다.

02 ❶ [각 슬라이드에 소요된 시간(초)]에 **01.00**을 입력하고 ❷ [슬라이드 수]에는 **1**, ❸ [대상]에는 **2**를 입력합니다. ❹ [GIF 만들기]를 클릭합니다.

➕ [다른 이름으로 저장] 대화상자가 나타납니다.

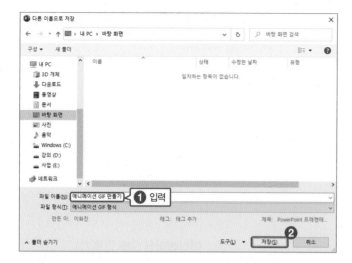

03 ❶ [다른 이름으로 저장] 대화상자에서 [파일 이름]에 **애니메이션 GIF 만들기**를 입력하고 ❷ [저장]을 클릭합니다.

➕ '애니메이션 GIF 만들기.gif' 파일이 저장됩니다.

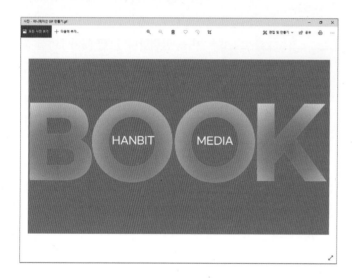

04 저장한 GIF 파일을 실행하면 애니메이션을 확인할 수 있습니다.

핵심기능

70

그림 프레젠테이션 만들기

실습 파일 6장\그림 프레젠테이션 만들기.pptx
완성 파일 6장\그림 프레젠테이션 만들기_완성.pptx

그림 프레젠테이션 만들기

01 ❶ [파일] 탭-[내보내기]를 클릭하고 ❷ [파일 형식 변경]을 클릭합니다. ❸ [PowerPoint 그림 프레젠테이션]을 클릭하고 ❹ [다른 이름으로 저장]을 클릭합니다. ❺ [다른 이름으로 저장] 대화상자에서 [파일 이름]에 **그림 프레젠테이션 만들기_완성**을 입력하고 ❻ [저장]을 클릭합니다.

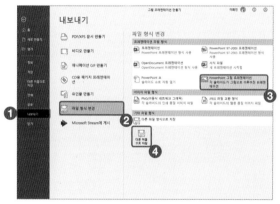
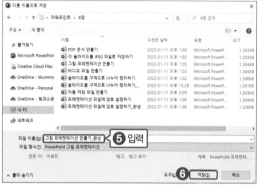

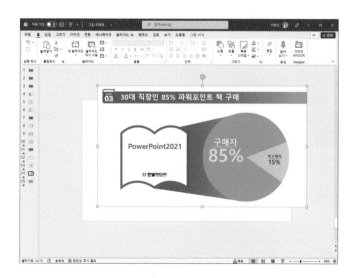

02 저장된 '그림 프레젠테이션 만들기_완성.pptx' 파일을 열어보면 각 슬라이드가 그림으로 이루어져 있는 것을 확인할 수 있습니다.

핵심기능

71

각 슬라이드를 JPEG 파일로 저장하기

실습 파일 6장\각 슬라이드를 JPEG 파일로 저장하기.pptx
완성 파일 6장\각 슬라이드를 JPEG 파일로 저장하기

이미지 파일로 저장하기

01 ❶ [파일] 탭-[내보내기]를 클릭합니다. ❷ [파일 형식 변경]을 클릭하고 ❸ [JPEG 파일 교환 형식]을 클릭한 후 ❹ [다른 이름으로 저장]을 클릭합니다. ❺ [다른 이름으로 저장] 대화상자에서 [파일 이름]에 **각 슬라이드를 JPEG 파일로 저장하기**를 입력하고 ❻ [저장]을 클릭합니다.

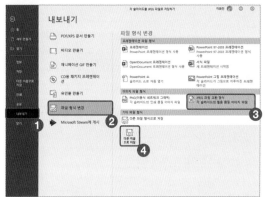

02 ❶ 내보낼 슬라이드를 선택하라는 메시지가 나타나면 [모든 슬라이드]를 클릭합니다. ❷ 저장 경로를 표시하는 메시지가 나타나면 [확인]을 클릭합니다. 생성된 폴더 안에 각각의 슬라이드가 JPEG 이미지 파일로 저장됩니다.

핵심기능 72

프레젠테이션 파일에 암호 설정하기

실습 파일 6장\프레젠테이션 파일에 암호 설정하기.pptx
완성 파일 6장\프레젠테이션 파일에 암호 설정하기_완성.pptx

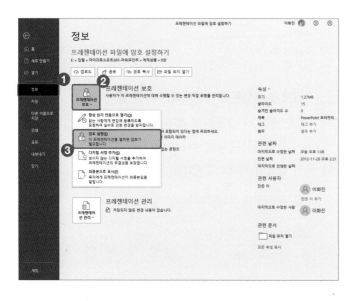

암호 설정하기

01 ❶ [파일] 탭-[정보]를 클릭합니다. ❷ [프레젠테이션 보호]를 클릭한 후 ❸ [암호 설정]을 클릭합니다.

➕ [문서 암호화] 대화상자가 나타납니다.

02 ❶ [문서 암호화] 대화상자에서 [암호]에 설정하고 싶은 암호를 입력한 후 ❷ [확인]을 클릭합니다. ❸ [암호 확인] 대화상자가 나타나면 [암호 다시 입력]에 다시 한번 똑같은 암호를 입력하고 ❹ [확인]을 클릭합니다.

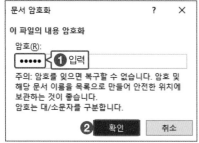

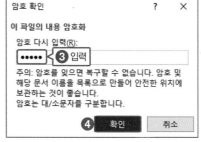

바로 통 하는TIP 완성 파일의 암호는 '12345'로 설정했습니다.

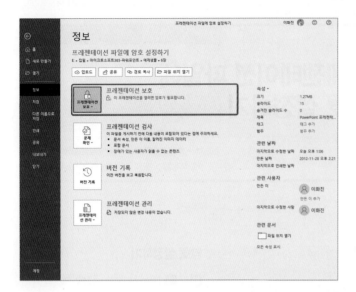

03 [프레젠테이션 보호]가 노란색으로 표시되며 암호가 설정됩니다.

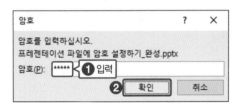

암호가 설정된 프레젠테이션 파일 열기

04 암호가 설정된 프레젠테이션 파일을 저장한 후 다시 열면 [암호] 대화상자가 나타납니다. ❶ [암호]에 설정한 암호를 입력하고 ❷ [확인]을 클릭합니다.

➕ 프레젠테이션 파일이 열리는 것을 확인할 수 있습니다.

쉽고 빠른 파워포인트 Note | 프레젠테이션 파일의 암호 해제하기

[파일] 탭–[정보]–[프레젠테이션 보호]를 클릭한 후 [암호 설정]을 클릭합니다. [문서 암호화] 대화상자가 나타나면 [암호]에 입력되어 있는 기존 암호를 삭제하고 [확인]을 클릭합니다.

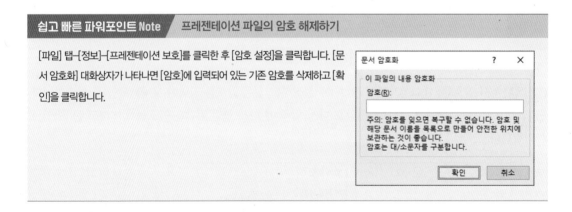

2010 \ 2013 \ 2016 \ 2019 \ 2021

내용별로 슬라이드 구역을 나누고 편집하기

실습 파일 6장\내용별로 슬라이드 구역을 나누고 편집하기.pptx
완성 파일 6장\내용별로 슬라이드 구역을 나누고 편집하기_완성.pptx

⊕ 예제 설명 및 완성 화면

폴더를 사용하여 주제별로 파일을 정리하는 것과 마찬가지로 구역을 사용하여 슬라이드를 그룹으로 구성할 수 있습니다. 또한 빈 프레젠테이션에서 작업을 시작하는 경우 구역을 사용하여 프레젠테이션 개요를 만들 수 있습니다. 작업 시 구역을 할당하여 슬라이드의 성격을 명확하게 지정하고 인쇄 영역이나 슬라이드 전환 효과 등을 설정할 때 원하는 구역에 간편히 적용합니다. 특히 슬라이드 양이 많을 때 구역을 나누면 작업의 효율성이 높아집니다.

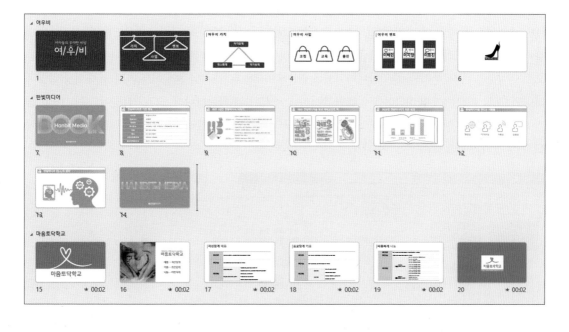

01 화면 보기 변경하기

[보기] 탭-[프레젠테이션 보기] 그룹-[여러 슬라이드 ▦]를 클릭합니다. 화면이 여러 슬라이드 보기 상태로 변경됩니다.

02 구역 나누기

[1번 슬라이드]부터 [6번 슬라이드], [7번 슬라이드]부터 [14번 슬라이드], [15번 슬라이드]부터 [20번 슬라이드]로 세 개의 구역을 만들겠습니다. [6번 슬라이드]와 [7번 슬라이드] 사이를 마우스 오른쪽 버튼으로 클릭하고 [구역 추가]를 클릭합니다. [제목 없는 구역]이 추가되고 [구역 이름 바꾸기] 대화상자가 나타나면 [구역 이름]에 **한빛미디어**를 입력한 후 [이름 바꾸기]를 클릭합니다. [14번 슬라이드]와 [15번 슬라이드] 사이에도 같은 방식으로 구역을 추가하고 구역 이름을 **마음토닥학교**로 설정합니다. 전체 슬라이드가 세 개의 구역으로 나누어집니다.

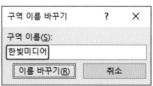

03 구역 이름 바꾸기

[기본 구역] 구역을 마우스 오른쪽 버튼으로 클릭하고 [구역 이름 바꾸기]를 클릭합니다. [구역 이름]에
여우비를 입력하고 [이름바꾸기]를 클릭합니다. 구역 이름이 바뀝니다.

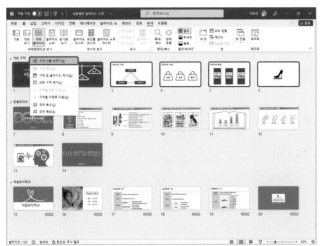

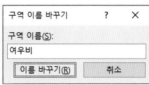

04 특정 구역의 슬라이드만 숨기기

[한빛미디어] 구역을 클릭한 후 [슬라이드 쇼] 탭-[설정] 그룹-[슬라이드 숨기기▣]를 클릭합니다. [한
빛미디어] 구역에 해당하는 슬라이드가 흐리게 변하고 아래쪽 번호에 사선 표시가 생깁니다. 번호에 사
선 표시가 있는 슬라이드는 슬라이드 쇼에서 제외됩니다.

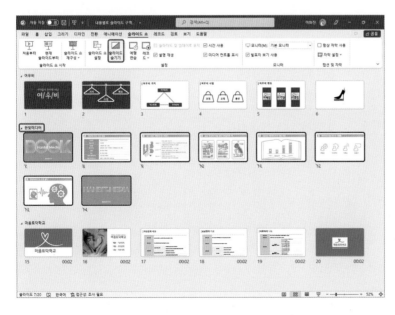

05 특정 구역 슬라이드만 화면 전환 효과 적용하기

[마음토닥학교] 구역을 클릭합니다. [전환] 탭-[슬라이드 화면 전환] 그룹-[자세히⊽]를 클릭하고 [화려한 효과]-[큐브]를 클릭합니다. [마음토닥학교] 구역 안에 있는 모든 슬라이드에 동일한 화면 전환 효과가 한번에 적용됩니다.

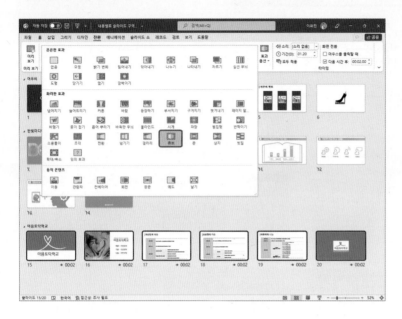

CHAPTER

07

프레젠테이션 발표 준비 및 발표하기

발표자의 말과 청중의 시선을 동기화하는 가장 좋은 방법은 개체에 애니메이션을 적용하는 것입니다. 이때 애니메이션은 과하지 않게 적절히 사용하는 것이 중요합니다. 과한 애니메이션은 오히려 청중의 인상을 찌푸리게 만드니 주의해야 합니다. 예행 연습을 통해 발표 소요 시간을 확인하고 발표 전에 슬라이드 쇼를 설정해두면 전문가처럼 자연스럽게 발표할 수 있습니다.

개체에 애니메이션 적용하기

실습 파일 7장\개체에 애니메이션 적용하기.pptx
완성 파일 7장\개체에 애니메이션 적용하기_완성.pptx

텍스트에 애니메이션 적용하기

01 빈 화면에서 텍스트가 나타나도록 애니메이션을 적용해보겠습니다. ❶ 텍스트 상자를 클릭하고 ❷ [애니메이션] 탭-[애니메이션] 그룹-[자세히⬇]를 클릭합니다. ❸ 애니메이션 목록에서 [나타내기]-[닦아내기]를 클릭합니다. 텍스트가 아래쪽부터 나타나는 애니메이션이 적용됩니다.

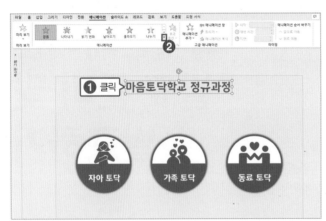

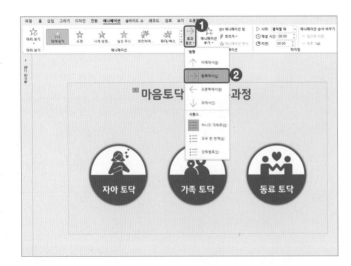

애니메이션 효과 옵션 변경하기

02 텍스트에 적용된 닦아내기 애니메이션의 방향을 변경해보겠습니다. ❶ 텍스트 상자가 선택된 상태에서 [애니메이션] 탭-[애니메이션] 그룹-[효과 옵션▸]을 클릭하고 ❷ [왼쪽에서]를 클릭합니다.

➕ 텍스트가 왼쪽부터 나타나는 애니메이션으로 옵션이 변경됩니다.

세 개의 개체에 같은 애니메이션 적용하기

03 세 개의 말풍선에 한번에 애니메이션을 적용해보겠습니다. ❶ 세 개의 말풍선 개체를 Ctrl을 누른 상태에서 각각 클릭합니다. ❷ [애니메이션] 탭-[애니메이션] 그룹-[자세히▽]를 클릭하고 ❸ 애니메이션 목록에서 [나타내기]-[확대/축소]를 클릭합니다. 세 개의 말풍선이 점점 커지면서 슬라이드에 나타나는 애니메이션이 적용됩니다.

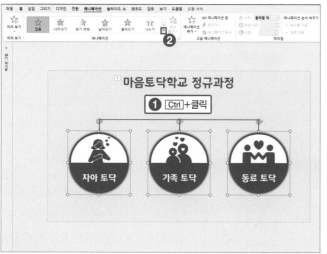

🔵 **바로 통 하는 TIP** 애니메이션 목록 하단에 있는 [추가 나타내기 효과]를 클릭하면 더 많은 종류의 애니메이션을 지정할 수 있습니다.

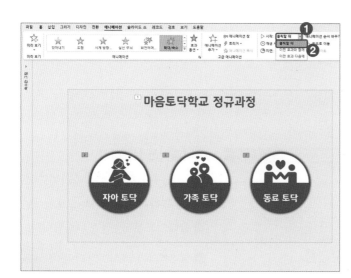

애니메이션 시작 방법 변경하기

04 ❶ 세 개의 말풍선이 선택된 상태에서 [애니메이션] 탭-[타이밍] 그룹-[시작▽]을 클릭하고 ❷ [클릭할 때]를 클릭합니다.

➕ 슬라이드 쇼에서 화면을 클릭하거나 Enter 또는 Spacebar를 누르면 애니메이션이 실행됩니다.

🔵 **바로 통 하는 TIP** 슬라이드 제목 개체의 시작은 [이전 효과와 함께]로 변경합니다.

애니메이션 재생 시간 변경하기

05 세 개의 말풍선이 선택된 상태에서 [애니메이션] 탭-[타이밍] 그룹-[재생 시간]에 **01.00**을 입력합니다.

➕ 적용한 애니메이션이 1초 동안 동작하도록 설정됩니다.

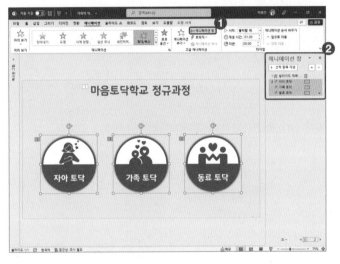

애니메이션 창 열기

06 ❶ [애니메이션] 탭-[고급 애니메이션] 그룹-[애니메이션 창⬜]을 클릭합니다. ❷ 화면 오른쪽에 [애니메이션 창] 작업 창이 나타납니다. 지금까지 개체에 적용한 애니메이션 목록이 나타납니다.

➕ 개체에 적용한 애니메이션의 종류, 실행 순서, 시작 방법, 시간을 확인할 수 있습니다.

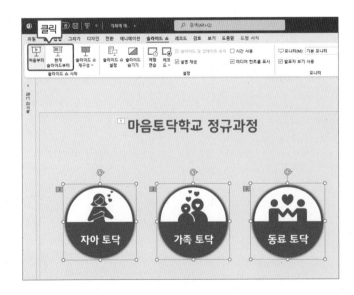

애니메이션 실행하기

07 [슬라이드 쇼] 탭-[슬라이드 쇼 시작] 그룹-[처음부터⬚] 또는 [현재 슬라이드부터⬚]를 클릭합니다.

➕ 슬라이드 쇼가 실행되면 개체에 적용된 애니메이션 효과를 확인할 수 있습니다.

바로통하는TIP 슬라이드 쇼를 끝내려면 Esc를 누릅니다.

핵심기능

74

애니메이션 추가하고
다른 개체에 똑같이 적용하기

실습 파일 7장\애니메이션 추가하고 다른 개체에 똑같이 적용하기.pptx
완성 파일 7장\애니메이션 추가하고 다른 개체에 똑같이 적용하기_완성.pptx

애니메이션 창 열고 애니메이션 추가하기

01 슬라이드 내 세 개의 도형에 동일한 애니메이션 효과를 적용하려고 합니다. 첫 번째 개체에 애니메이션 효과를 적용한 후 복사해 다른 개체에 붙여 넣어보겠습니다. ❶ [애니메이션] 탭-[고급 애니메이션] 그룹-[애니메이션 창█]을 클릭합니다. ❷ '초급: 필사하기'가 입력된 개체를 클릭합니다. ❸ [애니메이션] 탭-[고급 애니메이션] 그룹-[애니메이션 추가]를 클릭하고 ❹ 애니메이션 목록에서 [강조]-[펄스]를 클릭합니다. 개체에 적용되어 있던 [나타내기] 애니메이션에 이어 [펄스] 애니메이션이 추가됩니다.

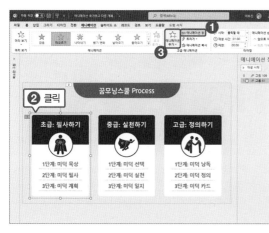

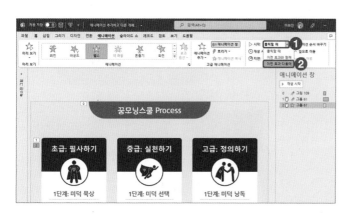

애니메이션 시작 방법 변경하기

02 ❶ [애니메이션] 탭-[타이밍] 그룹-[시작✓]을 클릭하고 ❷ [이전 효과 다음에]를 클릭합니다.

➕ 개체에 추가한 [펄스] 애니메이션은 이전 애니메이션이 실행된 후 자동으로 실행됩니다.

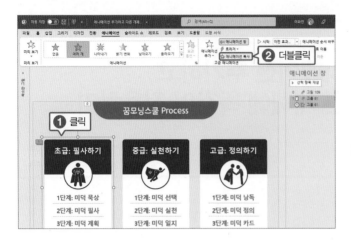

애니메이션 복사하기

03 ❶ '초급: 필사하기'에 해당하는 개체를 클릭하고 ❷ [애니메이션] 탭−[고급 애니메이션] 그룹−[애니메이션 복사 🌟]를 더블클릭합니다.

바로 통하는TIP [애니메이션 복사 🌟]를 더블클릭하면 여러 개체에 같은 애니메이션을 연속으로 적용할 수 있습니다.

복사한 애니메이션 효과를 다른 개체에 붙여넣기

04 마우스 포인터가 붓 모양 ⚡으로 변경되면 복사한 애니메이션 효과를 붙여 넣을 수 있습니다. ❶ '중급: 실천하기'가 입력된 개체를 클릭하여 복사한 애니메이션을 바로 적용합니다. ❷ '고급: 정의하기'가 입력된 개체도 클릭하여 애니메이션을 붙여 넣습니다. 첫 번째 개체에 적용된 애니메이션이 다른 두 개체에 똑같이 적용됩니다.

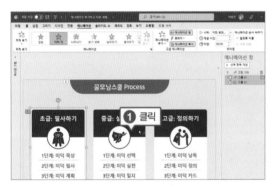

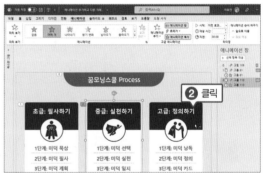

애니메이션 실행하기

05 [슬라이드 쇼] 탭−[슬라이드 쇼 시작] 그룹−[처음부터 🖵]를 클릭합니다. 슬라이드 쇼가 실행되면 개체에 적용된 애니메이션 효과를 확인할 수 있습니다.

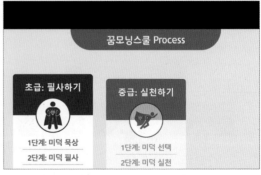

2010 \ 2013 \ 2016 \ 2019 \ 2021

슬라이드에 화면 전환 효과 적용하기

실습 파일 7장\슬라이드에 화면 전환 효과 적용하기.pptx
완성 파일 7장\슬라이드에 화면 전환 효과 적용하기_완성.pptx

슬라이드에 화면 전환 효과 적용하기

01 ❶ 여러 슬라이드 보기 상태에서 [3번 슬라이드], [4번 슬라이드], [5번 슬라이드], [6번 슬라이드], [7번 슬라이드]를 Ctrl을 누른 상태에서 각각 클릭하여 선택하고 ❷ [전환] 탭-[슬라이드 화면 전환] 그룹-[자세히 ▾]를 클릭합니다. ❸ 애니메이션 목록에서 [화려한 효과]-[페이지 말아 넘기기]를 클릭합니다. 선택한 슬라이드에 페이지를 넘기는 듯한 전환 효과가 적용됩니다.

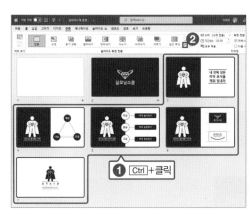

바로 통 하는TIP 여러 슬라이드 보기 상태로 만들기 위해서는 [보기] 탭-[프레젠테이션 보기] 그룹-[여러 슬라이드 ▦]를 클릭합니다. 화면 전환 효과를 선택하면 슬라이드 창에서 미리 보기가 제공되므로 원하는 전환 효과를 쉽게 확인할 수 있습니다.

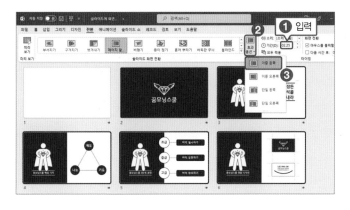

전환 길이 지정하고 효과 옵션 변경하기

02 ❶ [전환] 탭-[타이밍] 그룹-[기간]에 **02.25**를 입력합니다. ❷ [전환] 탭-[슬라이드 화면 전환] 그룹-[효과 옵션▦]]을 클릭하고 ❸ [이중 왼쪽]을 클릭합니다.

➕ 선택한 슬라이드에 2.25초 동안 페이지를 왼쪽으로 넘기는 듯한 전환 효과가 적용됩니다.

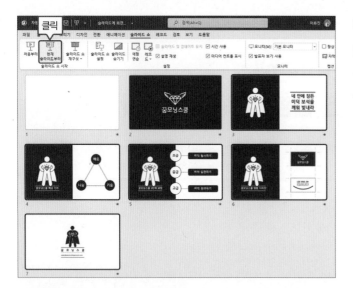

화면 전환 효과 실행하기

03 [슬라이드 쇼] 탭-[슬라이드 쇼 시작] 그룹-[현재 슬라이드부터 🖳]를 클릭합니다.

04 슬라이드 쇼가 실행되고 다음 슬라이드로 넘기면 적용한 화면 전환 효과가 나타납니다.

핵심기능

76

모핑 전환 효과 적용하기

실습 파일 7장\모핑 전환 효과 적용하기.pptx
완성 파일 7장\모핑 전환 효과 적용하기_완성.pptx

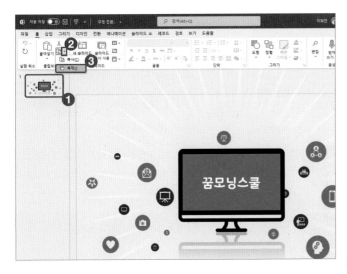

슬라이드 복제하기

01 ❶ 슬라이드 축소판 창에서 [1번 슬라이드]를 클릭합니다. ❷ [홈] 탭-[클립보드] 그룹-[복사📋]의 ⌄을 클릭한 후 ❸ [복제]를 클릭합니다.

➕ [1번 슬라이드]를 복제한 [2번 슬라이드]가 아래쪽에 추가됩니다.

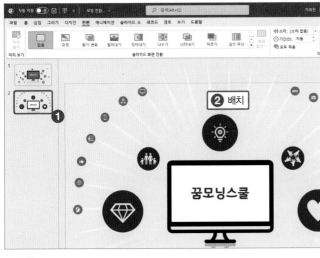

02 ❶ 복제된 [2번 슬라이드]를 클릭합니다. ❷ 동그라미 개체를 보기 좋게 배치하고 색상을 변경합니다. 모니터와 빛의 위치를 아래로 이동시키고 모니터와 텍스트의 색상을 변경합니다.

바로 **통** 하는TIP 복제 단축키는 Ctrl + D 입니다.

우선
순위

혼자
해보기

프레젠
테이션
기본

슬라
이드
배경
서식

내용
작성
&
서식

시각화
&
멀티
미디어

슬라
이드
정리
&
저장

발표
준비
&
발표

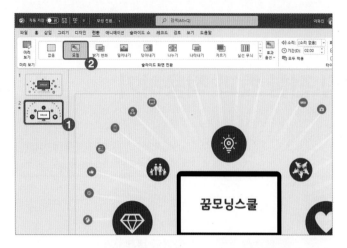

모핑 전환 효과 적용하고 슬라이드 쇼 실행하기

03 ❶ [2번 슬라이드]를 클릭합니다. ❷ [전환] 탭-[슬라이드 화면 전환] 그룹-[모핑]을 클릭합니다.

➕ [2번 슬라이드]에 슬라이드 모양이 서서히 전환되는 효과가 적용됩니다.

04 ❶ [슬라이드 쇼] 탭-[슬라이드 쇼 시작] 그룹-[처음부터 🖵]를 클릭합니다. ❷ 슬라이드 쇼가 실행되면 Enter를 누릅니다.

➕ 동그라미 개체가 부드럽게 이동하고 색과 크기가 변경됩니다. 모니터와 빛이 아래로 이동하고 색이 변경됩니다.

핵심기능

77

자동으로 넘어가는 슬라이드 만들기

실습 파일 7장\자동으로 넘어가는 슬라이드 만들기.pptx
완성 파일 7장\자동으로 넘어가는 슬라이드 만들기_완성.pptx

슬라이드에 화면 전환 효과 적용하기

01 ❶ 여러 슬라이드 보기 상태에서 [1번 슬라이드]를 클릭합니다. ❷ [전환] 탭-[슬라이드 화면 전환] 그룹-[자세히▾]를 클릭합니다. ❸ 전환 효과 목록에서 [은은한 효과]-[밝기 변화]를 클릭합니다. [1번 슬라이드]에 슬라이드가 서서히 밝아지는 전환 효과가 적용됩니다.

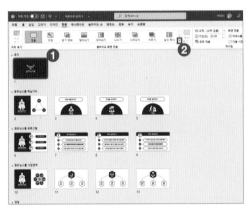

전체 슬라이드 자동 화면 전환하기

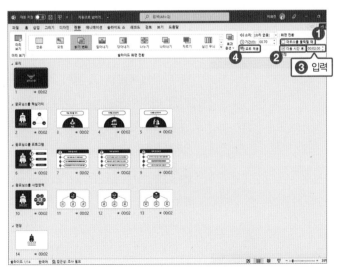

02 ❶ [전환] 탭-[타이밍] 그룹-[화면 전환]-[마우스를 클릭할 때]의 체크를 해제하고 ❷ [다음 시간 후]에 체크한 후 ❸ **02:00**을 입력합니다. ❹ [모두 적용▣]을 클릭합니다.

➕ 슬라이드 전체에 같은 전환 효과와 시간이 적용됩니다.

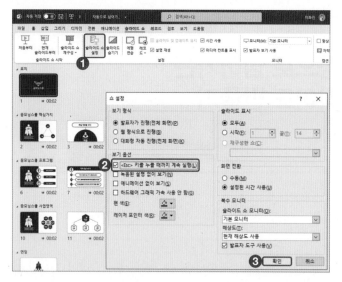

슬라이드 쇼 계속 실행하기

03 슬라이드가 계속 자동으로 넘어가도록 설정해보겠습니다. ❶ [슬라이드 쇼] 탭-[설정] 그룹-[슬라이드 쇼 설정🔲]을 클릭합니다. ❷ [쇼 설정] 대화상자에서 [보기 옵션]-[⟨Esc⟩ 키를 누를 때까지 계속 실행]에 체크한 후 ❸ [확인]을 클릭합니다.

➕ Esc를 누르기 전까지 슬라이드 쇼가 반복됩니다.

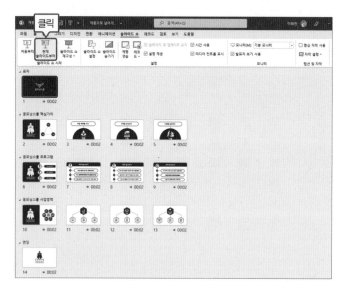

화면 전환 효과 실행하기

04 [슬라이드 쇼] 탭-[슬라이드 쇼 시작] 그룹-[현재 슬라이드부터🖥]를 클릭합니다.

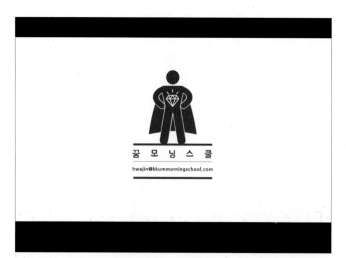

05 슬라이드 쇼가 실행되며 2초마다 다음 슬라이드로 넘어갑니다. 마지막 슬라이드에서는 다시 처음 슬라이드로 넘어가는 것을 확인할 수 있습니다.

바로 통 하는TIP 슬라이드 쇼를 끝내려면 Esc를 누릅니다.

[슬라이드 쇼] 탭-[설정] 그룹-[슬라이드 쇼 설정]을 클릭하면 [쇼 설정] 대화상자가 나타납니다. 슬라이드 쇼를 최적화할 수 있습니다.

① 보기 형식

• **발표자가 진행(전체 화면)** : 일반적인 쇼 보기 상태입니다. 발표자가 Enter 나 마우스 왼쪽 버튼을 클릭하면 다른 슬라이드로 전환됩니다.

• **웹 형식으로 진행** : 슬라이드 쇼를 [읽기용 보기]에서 진행합니다. 웹 페이지처럼 표시합니다.

• 대화형 자동 진행(전체 화면) : 슬라이드 쇼에서 Enter 나 클릭을 사용할 수 없으며, 하이퍼링크로 설정된 개체를 클릭하여 슬라이드 쇼를 진행합니다.

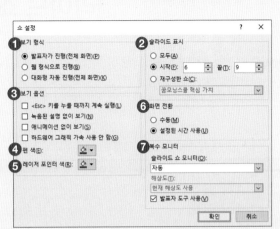

② 슬라이드 표시

• **모두** : 프레젠테이션 내의 모든 슬라이드를 보여줍니다.

• **시작/끝** : 시작 슬라이드와 끝 슬라이드를 지정합니다.

• **재구성한 쇼** : [슬라이드 쇼 재구성🖵]에서 재구성한 슬라이드 쇼로 프레젠테이션을 진행합니다.

③ 보기 옵션

• **〈Esc〉 키를 누를 때까지 계속 실행** : 슬라이드 쇼를 반복 실행하도록 설정할 수 있습니다.

• **녹음된 설명 없이 보기** : 설명 녹음 없이 슬라이드 쇼를 진행합니다.

• **애니메이션 없이 보기** : 애니메이션을 사용하지 않고 슬라이드 쇼를 진행합니다.

• **하드웨어 그래픽 가속 사용 안 함** : 하드웨어 그래픽 가속의 사용 여부를 선택합니다.

④ 펜 색

슬라이드 쇼에서 밑줄이나 코멘트를 표시할 수 있는 펜의 초기 색상을 지정해줍니다. 기본값은 빨간색입니다. Ctrl + P 를 누르면 펜 기능을 실행할 수 있습니다.

⑤ 레이저 포인터 색

슬라이드 쇼에서 레이저 포인터를 사용하는 경우 레이저 포인터의 색상을 지정해줍니다. 기본값은 빨간색입니다.

⑥ 화면 전환

• **수동** : 발표자가 직접 조작하여 화면 전환을 실행합니다.

• **설정된 시간 사용** : 화면 전환 시간을 지정하여 자동으로 화면 전환을 실행합니다.

⑦ 복수 모니터

• **슬라이드 쇼 모니터** : 복수의 모니터 혹은 프로젝터 사용 시 슬라이드 쇼가 표시될 모니터를 선택합니다.

• **해상도** : 모니터 해상도를 선택합니다.

• **발표자 도구 사용** : 발표자 도구 사용 여부를 선택합니다.

우선
순위

혼자
해보기

프레젠
테이션
기본

슬라
이드
배경
서식

내용
작성
&
서식

시각화
&
멀티
미디어

슬라
이드
정리
&
저장

발표
준비
&
발표

슬라이드 쇼 재구성하기

실습 파일 7장\슬라이드 쇼 재구성하기.pptx
완성 파일 7장\슬라이드 쇼 재구성하기_완성.pptx

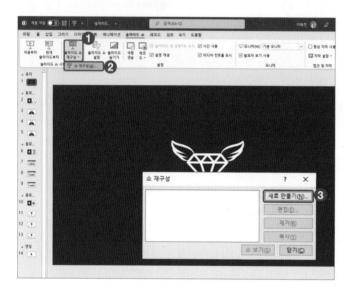

슬라이드 쇼 재구성하기

01 전체 슬라이드 구성에서 원하는 슬라이드만 선별해 보여줄 수 있습니다. 슬라이드 쇼를 재구성해보겠습니다. ❶ [슬라이드 쇼] 탭–[슬라이드 쇼 시작] 그룹–[슬라이드 쇼 재구성🖵]을 클릭하고 ❷ [쇼 재구성]을 클릭합니다. ❸ [쇼 재구성] 대화상자에서 [새로 만들기]를 클릭합니다.

➕ [쇼 재구성 하기] 대화상자가 나타납니다.

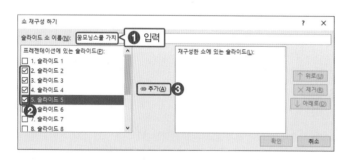

02 ❶ [쇼 재구성 하기] 대화상자에서 [슬라이드 쇼 이름]에 **꿈모닝스쿨 가치**를 입력합니다. ❷ [프레젠테이션에 있는 슬라이드]에서 2~5번 슬라이드에 체크하고 ❸ [추가 ⟫]를 클릭합니다.

03 ❶ [재구성한 쇼에 있는 슬라이드]에 2~5번 슬라이드가 추가된 것을 확인하고 [확인]을 클릭합니다. ❷ [쇼 재구성] 대화상자의 목록에 추가된 [꿈모닝스쿨 가치]를 확인한 후 [닫기]를 클릭합니다.

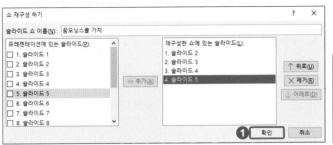

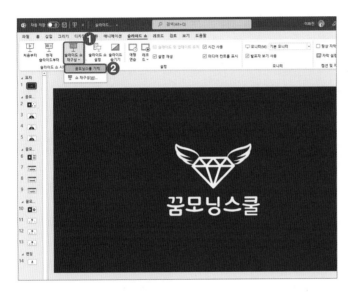

재구성한 슬라이드 쇼 실행하기

04 ❶ [슬라이드 쇼] 탭–[슬라이드 쇼 시작] 그룹–[슬라이드 쇼 재구성 🖵]을 클릭하고 ❷ [꿈모닝스쿨 가치]를 클릭합니다.

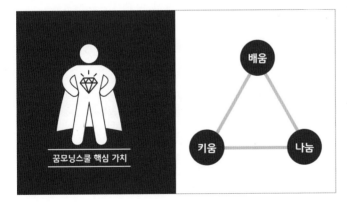

05 전체 슬라이드 중 [꿈모닝스쿨 가치]에 해당하는 슬라이드만 슬라이드 쇼에 나타납니다.

핵심기능

79

구역 확대/축소 기능으로
목차 만들기

실습 파일 7장\확대 축소 기능으로 목차 만들기.pptx
완성 파일 7장\확대 축소 기능으로 목차 만들기_완성.pptx

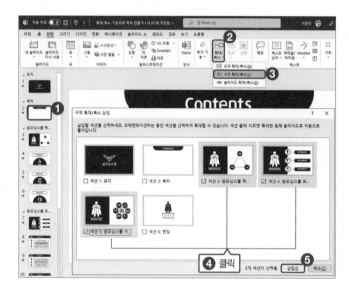

구역 확대/축소 만들기

01 ❶ 슬라이드 축소판 창에서 [2번 슬라이드]를 클릭합니다. ❷ [삽입] 탭-[링크] 그룹-[확대/축소 🔲]를 클릭한 후 ❸ [구역 확대/축소]를 클릭합니다. ❹ [구역 확대/축소 삽입] 대화상자에서 목차로 사용할 [섹션 3], [섹션 4], [섹션 5]에 체크합니다. ❺ [삽입]을 클릭합니다.

02 체크한 섹션의 슬라이드가 그림 형태로 나타납니다. 그림 슬라이드를 순서대로 배치합니다.

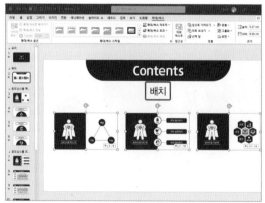

바로 통 하는TIP 추가된 그림 슬라이드를 선택한 후 [확대/축소] 탭을 클릭하면 오른쪽 아래에 번호가 표시됩니다. 몇 번 슬라이드부터 몇 번 슬라이드까지 보여지는를 의미합니다.

구역 확대/축소 편집하기

03 ❶ [섹션 5: 꿈모닝스쿨 사업영역]에 해당하는 그림 슬라이드를 클릭합니다. ❷ [확대/축소] 탭-[확대/축소 옵션] 그룹-[확대/축소로 돌아가기]의 체크를 해제합니다. 섹션의 끝에서 목차로 돌아가지 않고 다음 섹션의 슬라이드로 넘어갑니다.

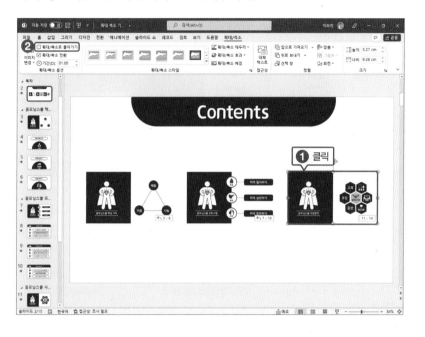

구역 확대/축소 확인하기

04 슬라이드 쇼를 실행하여 구역 확대/축소를 확인합니다. 이동하려는 섹션의 그림 슬라이드를 클릭하면 해당 섹션으로 바로 이동합니다. [섹션 5]를 제외하고는 해당 섹션의 슬라이드 쇼가 끝나면 다시 목차 슬라이드로 돌아옵니다.

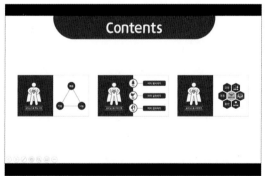 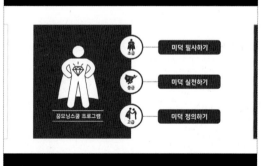

바로 통 하는 TIP [섹션 5: 꿈모닝스쿨 사업영역]에 해당하는 슬라이드 쇼가 끝났을 때도 목차 슬라이드로 돌아가고 싶으면 해당 섹션의 그림 슬라이드를 클릭한 후 [확대/축소] 탭-[확대/축소 옵션] 그룹-[확대/축소로 돌아가기]에 체크합니다.

① 요약 확대/축소 만들기

요약 확대/축소는 프레젠테이션의 구성을 한눈에 볼 수 있는 방문 페이지와 비슷합니다. 각 구역의 시작 슬라이드를 선택하여 프레젠테이션 중에 빠르게 이동할 수 있으며 해당 구역의 마지막 슬라이드가 끝나면 요약 확대/축소가 삽입된 슬라이드로 돌아옵니다.

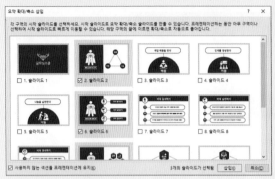 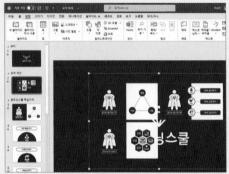

② 구역 확대/축소 만들기

구역 확대/축소를 사용하여 목차 슬라이드를 만들면 프레젠테이션의 특정 부분이 연결되는 방식을 강조할 수 있습니다. 구역 확대/축소로 만들 구역을 선택하여 프레젠테이션 중에 바로 이동할 수 있으며 해당 구역의 마지막 슬라이드가 끝나면 구역 확대/축소가 삽입된 슬라이드로 돌아옵니다.

③ 슬라이드 확대/축소 만들기

슬라이드의 링크를 만들어줍니다. 슬라이드 확대/축소를 사용하면 프레젠테이션 흐름을 방해하지 않으면서 선택한 슬라이드로 자유롭게 이동할 수 있습니다. 슬라이드 확대/축소는 구역이 많지 않은 짧은 프레젠테이션에서 사용하기 좋은 옵션이며 다양한 프레젠테이션 시나리오에서 슬라이드 확대/축소를 활용할 수 있습니다.

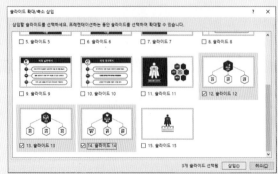

핵심기능

80

슬라이드 노트로 발표 원고 작성하고 인쇄하기

실습 파일 7장\슬라이드 노트로 발표 원고 작성하고 인쇄하기.pptx
완성 파일 7장\슬라이드 노트로 발표 원고 작성하고 인쇄하기_완성.pptx

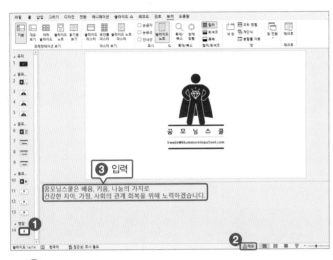

슬라이드 노트 창 열기

01 슬라이드 노트를 이용해 발표할 내용을 간단히 정리해보겠습니다. ❶ 슬라이드 축소판 창에서 [14번 슬라이드]를 클릭하고 ❷ 슬라이드 오른쪽 아래에서 [메모 🗒]를 클릭합니다. 슬라이드 노트 창이 나타납니다. ❸ 슬라이드 노트 창에 원하는 발표 내용을 입력합니다.

✓ 파워포인트 2013 슬라이드 오른쪽 아래에서 [슬라이드 노트]를 누르고 입력합니다.

바로 통하는TIP [보기] 탭-[프레젠테이션 보기] 그룹-[슬라이드 노트 🗒]를 클릭하면 노트와 함께 인쇄되는 프레젠테이션의 모양을 확인하면서 편집할 수 있습니다.

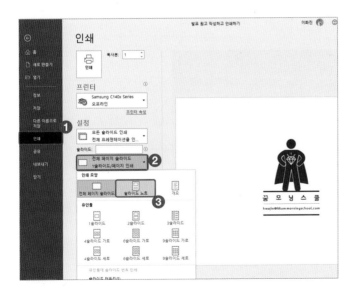

슬라이드 노트 인쇄하기

02 ❶ [파일] 탭-[인쇄]를 클릭합니다. ❷ [설정]에서 [전체 페이지 슬라이드]를 클릭하고 ❸ [인쇄 모양]-[슬라이드 노트]를 클릭합니다.

우선
순위

혼자
해보기

프레젠
테이션
기본

슬라
이드
배경
서식

내용
작성
&
서식

시각화
&
멀티
미디어

슬라
이드
정리
&
저장

발표
준비
&
발표

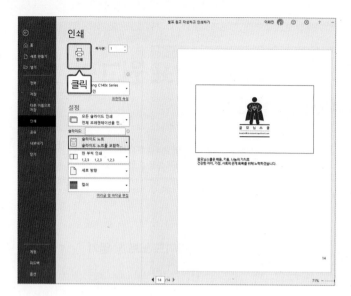

03 [인쇄]를 클릭합니다. 각 페이지에 하나의 슬라이드와 해당 슬라이드 노트가 포함되어 인쇄됩니다.

핵심기능

81

청중 유인물 만들고 인쇄하기

실습 파일 7장\청중 유인물 만들고 인쇄하기.pptx
완성 파일 7장\청중 유인물 만들고 인쇄하기_완성.pptx

유인물 레이아웃 설정하기

01 청중에게 배포할 유인물에 배포 단체, 날짜, 로고 등이 표시되도록 유인물 레이아웃을 수정해보겠습니다. [보기] 탭-[마스터 보기] 그룹-[유인물 마스터 📖]를 클릭합니다. 유인물 마스터 보기로 전환됩니다.

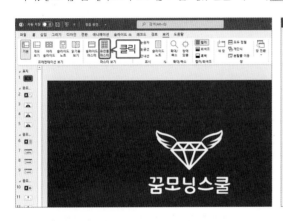 

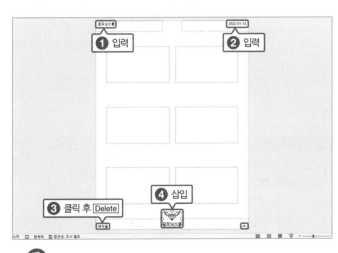

02 ❶ 왼쪽 위 머리글 개체 틀에 **꿈모닝스쿨**을 입력하고 ❷ 오른쪽 위 [머리글] 개체 틀에 원하는 날짜를 입력합니다. ❸ 왼쪽 아래의 바닥글 개체 틀을 클릭한 후 Delete 를 눌러 삭제하고 ❹ 가운데 아래에 '꿈모닝스쿨 로고.png' 파일을 삽입합니다.

바로 통 하는 TIP 로고 삽입은 [삽입] 탭-[이미지] 그룹-[그림🖼]-[이 디바이스]를 클릭합니다. 로고 삽입 후 크기와 위치를 적절히 조절합니다.

바로 통 하는 TIP 오른쪽 아래의 '〈#〉'는 슬라이드 번호 개체입니다. 슬라이드 번호 개체의 글꼴 서식을 변경하려면 '〈#〉'를 클릭하고 [홈] 탭-[글꼴] 그룹에서 글꼴 색과 글꼴 크기 등을 변경합니다.

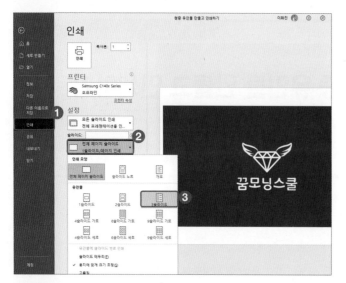

유인물 인쇄하기

03 ❶ [파일] 탭–[인쇄]를 클릭합니다. ❷ [설정]–[인쇄 모양]–[전체 페이지 슬라이드]를 클릭하고 ❸ [유인물]–[3슬라이드]를 클릭합니다.

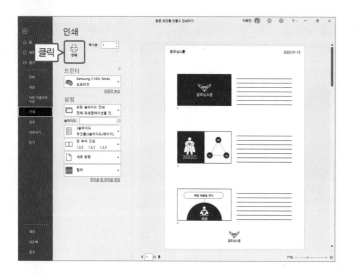

04 [인쇄]를 클릭합니다. 유인물 마스터에서 적용한 레이아웃 모양대로 인쇄됩니다.

쉽고 빠른 파워포인트 Note │ 유인물에 페이지 번호 설정하기

[삽입] 탭–[텍스트] 그룹–[슬라이드 번호 삽입]을 클릭합니다. [머리글/바닥글] 대화상자에서 [슬라이드 노트 및 유인물] 탭을 클릭하고 [페이지 번호]에 체크합니다. [모두 적용]을 클릭하면 유인물 오른쪽 아래에 페이지 번호가 표시됩니다.

발표 전 예행연습하기

82

실습 파일 7장\발표 전 예행연습하기.pptx
완성 파일 7장\발표 전 예행연습하기_완성.pptx

01 ❶ 슬라이드 축소판 창에서 [1번 슬라이드]를 클릭하고 ❷ [슬라이드 쇼] 탭–[설정] 그룹–[예행 연습 🔁]을 클릭합니다. 슬라이드 쇼가 실행되며 화면 왼쪽 위에 [녹화] 대화상자가 나타납니다. 실제 원고를 이용해 발표를 연습해봅니다. ❸ Enter 를 눌러 슬라이드를 넘깁니다.

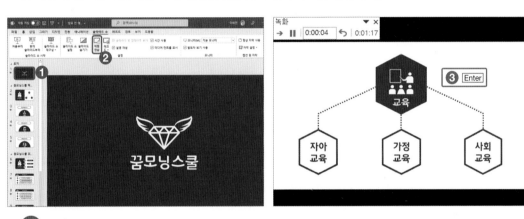

바로 통 하는TIP [녹화] 대화상자에서 왼쪽 시간은 쇼가 진행되고 있는 현재 슬라이드의 시간이고, 오른쪽 시간은 전체 녹화된 슬라이드 쇼의 누적 시간입니다.

02 슬라이드 쇼가 끝까지 실행되면 마지막에 사용 시간 저장 여부를 묻는 메시지가 나타납니다. [예]를 클릭합니다. 여러 슬라이드 보기 화면에서 각각의 슬라이드 아래에 발표 소요 시간이 표시됩니다.

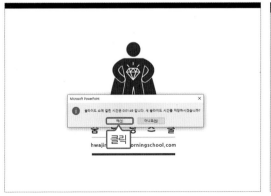

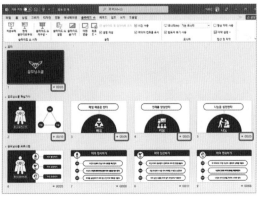

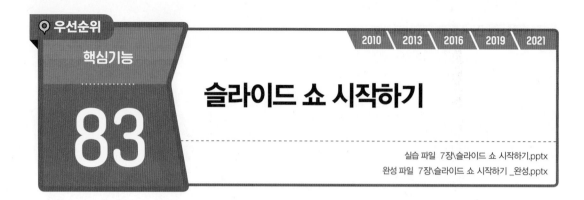

슬라이드 쇼 시작하기

실습 파일 7장\슬라이드 쇼 시작하기.pptx
완성 파일 7장\슬라이드 쇼 시작하기 _완성.pptx

첫 번째 슬라이드부터 슬라이드 쇼 하기

01 [슬라이드 쇼] 탭−[슬라이드 쇼 시작] 그룹−[처음부터⬚]를 클릭합니다. 첫 번째 슬라이드부터 쇼가 시작됩니다.

바로 통 하는TIP 첫 번째 슬라이드부터 슬라이드 쇼를 시작하려면 빠른 실행 도구 모음의 [처음부터 시작⬚]을 클릭하거나 F5 를 눌러도 됩니다.

02 Enter 를 눌러 슬라이드를 넘깁니다. 마지막 슬라이드 다음에 나타나는 화면을 클릭하거나 Enter 를 눌러 기본 보기 화면으로 돌아옵니다.

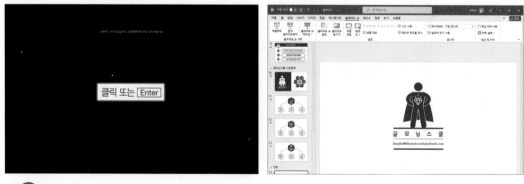

바로 통 하는TIP 슬라이드 쇼를 도중에 바로 끝내려면 Esc 를 누릅니다.

현재 슬라이드부터 슬라이드 쇼 시작하기

03 ❶ [10번 슬라이드]를 클릭하고 ❷ [슬라이드 쇼] 탭–[슬라이드 쇼 시작] 그룹–[현재 슬라이드부터 🖳]를 클릭합니다. [10번 슬라이드]부터 슬라이드 쇼가 시작됩니다.

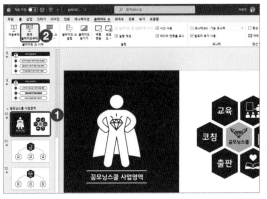 

바로 통 하는TIP 현재 슬라이드부터 슬라이드 쇼를 시작하려면 화면 오른쪽 아래에 있는 [슬라이드 쇼🖳]를 클릭하거나 Shift + F5 를 눌러도 됩니다.

04 Enter 를 눌러 슬라이드를 넘깁니다. 슬라이드 쇼가 끝나면 검은 화면을 클릭하거나 Enter 를 눌러 기본 보기 화면으로 돌아옵니다.

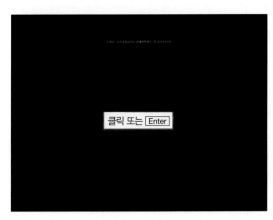 

84

발표자 도구를 사용하여 발표하기

실습 파일 7장\발표자 도구를 사용하여 발표하기.pptx
완성 파일 7장\발표자 도구를 사용하여 발표하기_완성.pptx

발표자 도구 표시하기

01 ❶ F5 를 클릭하여 슬라이드 쇼를 실행합니다. ❷ 화면 왼쪽 아래에 있는 컨트롤 막대에서 [슬라이드 쇼 옵션 더 보기 ⊡]를 클릭하고 ❸ [발표자 도구 표시]를 클릭합니다. 발표자 보기 화면으로 바뀝니다.

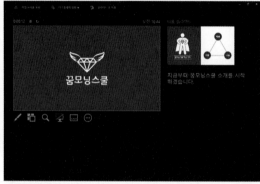

펜으로 주석 달기

02 발표자 도구의 펜 기능을 이용하면 중요한 내용을 슬라이드에 표시하면서 프레젠테이션을 진행할 수 있습니다. ❶ 발표자 도구에서 [펜 및 레이저 포인터 도구 ✎]를 클릭하고 ❷ [형광펜]을 클릭합니다. ❸ 마우스 포인터가 형광펜으로 변경되면 원하는 곳에 드래그하여 표시합니다.

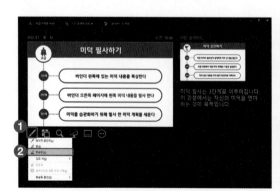
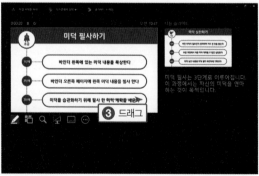

바로 통 하는 TIP 마우스 포인터를 본래 화살표 모양으로 변경하려면 Ctrl + A 를 누릅니다.

모든 슬라이드 보기

03 발표자 도구에서 [모든 슬라이드 보기⊞]를 클릭합니다. 모든 슬라이드를 확인할 수 있습니다.

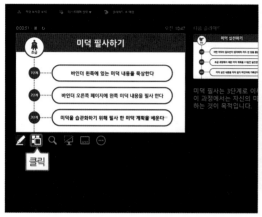 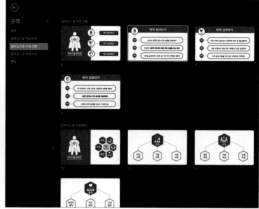

슬라이드 특정 부분 확대하기

04 ❶ 발표자 도구에서 [슬라이드 확대◎]를 클릭합니다. ❷ 확대하려는 부분에 마우스 포인터를 놓고 클릭합니다. 해당 부분이 확대됩니다.

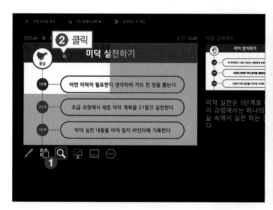 

05 다시 원래 상태로 돌아오려면 발표자 도구에서 [축소◎]를 클릭합니다. 확대 전 상태로 돌아옵니다.

 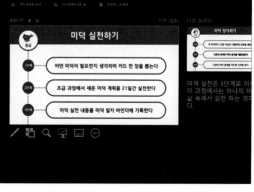

화면을 검은색으로 만들기

06 발표자 도구에서 [슬라이드 쇼를 검정으로 설정/취소]를 클릭합니다.

➕ 화면이 검은색으로 변경됩니다.

바로 통하는 TIP 본래의 상태로 돌아오려면 [슬라이드 쇼 검정으로 설정/취소]를 다시 클릭합니다.

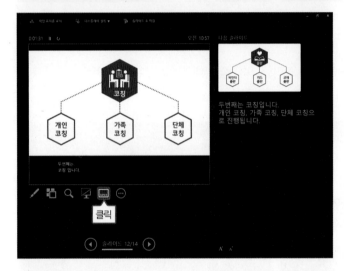

자막 켜기

07 발표자 도구에서 [자막 켜기/끄기]를 클릭합니다.

➕ 슬라이드 아래에 자막이 나타납니다.

바로 통하는 TIP 자막은 [슬라이드 쇼 옵션 더 보기]를 클릭하고 [자막 설정]–[기타 설정]을 클릭해 [캡션 및 자막] 대화상자에서 설정합니다.

바로 통하는 TIP 자막을 끄려면 [자막 켜기/끄기]를 다시 클릭합니다.

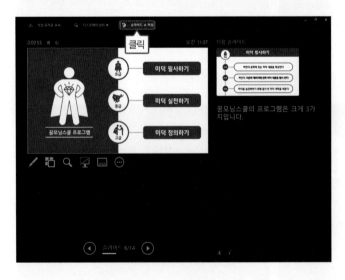

슬라이드 쇼 마치기

08 화면의 위쪽에 있는 [슬라이드 쇼 마침]을 클릭합니다.

➕ 기본 보기 화면으로 돌아옵니다.

슬라이드 쇼를 실행할 때 나타나는 발표자 도구는 발표자에게만 보입니다. 발표자 도구에서는 현재 슬라이드와 다음 슬라이드에 추가한 노트 내용을 미리 볼 수 있는 기능 등 발표할 때 유용한 기능이 제공됩니다.

① **작업 표시줄 표시** : 프로그램을 전환할 수 있도록 작업 표시줄을 표시합니다.

② **디스플레이 설정** : 발표자 보기와 슬라이드 쇼 화면을 바꾸거나 슬라이드 쇼 화면을 복제할 수 있습니다.

③ **슬라이드 쇼 마침** : 현재 슬라이드 쇼를 마칩니다.

④ **시간 표시** : 슬라이드 쇼 진행 시간, 타이머 일시 중지 시간, 타이머 다시 시작 시간, 현재 시간을 표시합니다.

⑤ **현재 슬라이드** : 현재 청중이 보는 화면입니다.

⑥ **펜 및 레이저 포인터 도구** : 레이저 포인터, 펜, 형광펜, 지우개를 실행합니다.

⑦ **모든 슬라이드 보기** : 모든 슬라이드가 보여지며 원하는 슬라이드를 클릭하면 해당 슬라이드를 보여줍니다.

⑧ **슬라이드 확대** : 슬라이드에서 확대하고 싶은 특정 부분을 클릭하여 확대합니다. Esc 를 누르면 원래 상태로 돌아옵니다.

⑨ **슬라이드 쇼를 검정으로 설정/취소** : 화면이 검정색으로 변하여 Esc 를 누르면 원래 상태로 바뀝니다.

⑩ **자막 켜기/끄기** : 화면에 발표자의 말을 그대로 표시하거나 다른 언어로 번역하여 표시합니다. 자막의 위치와 언어를 설정할 수 있습니다.

⑪ **슬라이드 쇼 옵션 더 보기** : 슬라이드 쇼 관련 옵션을 지정합니다.

⑫ **이전** : 이전 애니메이션이나 슬라이드로 돌아갑니다.

⑬ **슬라이드 번호** : 전체 슬라이드 중에 현재 슬라이드가 몇 번째 슬라이드인지 보여줍니다.

⑭ **다음** : 다음 애니메이션이나 슬라이드로 넘어갑니다.

⑮ **다음 슬라이드** : 다음 슬라이드를 미리 보여줍니다.

⑯ **슬라이드 노트** : 현재 슬라이드에 입력한 노트 내용이 보입니다.

⑰ **텍스트 확대/축소** : 슬라이드 노트의 텍스트 크기를 조정합니다.

슬라이드 쇼 녹화하기

2010 2013 2016 **2019** 2021

실습 파일 7장\슬라이드 쇼 녹화하기.pptx
완성 파일 7장\슬라이드 쇼 녹화하기_완성.pptx

녹음/녹화 창으로 이동하기

01 [녹음/녹화] 탭-[녹음/녹화] 그
룹-[처음부터▣]를 클릭합니다.

➕ 녹음/녹화 창에서 슬라이드 쇼가 시작됩니다.

02 녹음/녹화 창에서는 프레젠테
이션 발표를 녹음/녹화하기 위한 여
러 기능이 제공됩니다. 화면 위쪽에
표시되는 [녹음/녹화⬤]를 클릭하여
녹화를 시작하고 중지할 수 있습니
다.

녹음/녹화 창 설정하기

03 현재 녹음/녹화 창은 발표자 보기 상태입니다. 발표 원고로 활용할 슬라이드 노트를 화면 상단에 표시하여 발표자가 청중과 시선을 마주하도록 만들어보겠습니다. ❶ 오른쪽 아래 [보기]를 클릭하고 ❷ [텔레프롬프터]를 클릭합니다.

➕ 화면 상단에 노트 내용이 표시됩니다.

슬라이드 쇼 녹화하기

04 발표 준비가 완료됐다면 [녹음/녹화◉]를 클릭하거나 단축키 ⓡ을 눌러 녹화를 시작합니다.

➕ 3초 카운트 후에 녹화가 시작됩니다.

바로통하는TIP 발표자 영상을 원하지 않는다면 화면 오른쪽 위의 [카메라◼]를 클릭하여 녹화 영상을 끕니다.

슬라이드 쇼 녹화 중지하기

05 발표가 끝났다면 [녹음/녹화 중지◉]를 클릭하거나 단축키 ⓢ를 누릅니다.

➕ 녹화가 저장됩니다. 슬라이드 쇼를 실행하여 확인할 수 있습니다.

녹화된 영상 확인하기

06 기본 보기 화면으로 돌아가기 위해 [편집]을 클릭합니다. 슬라이드 창의 오른쪽 아래에 녹화된 발표자 영상이 나타납니다.

07 단축키 F5 를 눌러 슬라이드 쇼를 실행해보면 슬라이드 쇼에 발표자 영상이 함께 보입니다.

쉽고 빠른 파워포인트 Note / **녹음/녹화 창 구성 살펴보기**

녹음/녹화 창에서는 프레젠테이션을 진행하며 녹음/녹화하기 위한 여러 가지 기능이 제공됩니다. 녹음/녹화 관련 기능을 제외하고는 발표자 도구와 유사합니다.

① **편집** : 기본 보기 화면으로 이동합니다.

② **타이머** : 현재 슬라이드의 녹화 시간과 누적 녹화 시간을 표시합니다.

③ **재촬영** : 현재 슬라이드 또는 모든 슬라이드에서 간단하게 영상을 다시 녹화할 수 있습니다.

④ **녹음/녹화** : 클릭하면 슬라이드 쇼 녹음/녹화가 시작되고 다시 클릭하면 중지됩니다.

⑤ **녹음/녹화 일시 중지** : 클릭하면 녹화 중인 슬라이드 쇼가 일시 중지되고 다시 클릭하면 녹화가 재개됩니다.

⑥ **카메라** : 발표자의 모습을 촬영할 수 있습니다.

⑦ **마이크** : 녹음할 수 있습니다.

⑧ **더 보기** : 녹음/녹화를 위한 카메라, 마이크 옵션을 설정할 수 있습니다.

⑨ **내보내기** : 녹음/녹화한 비디오를 파일로 저장할 수 있습니다. 기본적으로 영상은 MP4 비디오 파일 형식의 Full HD(1080p) 해상도로 제공되며, 프레젠테이션이 저장되는 곳과 동일한 위치에 저장됩니다.

⑩ **슬라이드 노트** : 슬라이드 미리 보기 위에 현재 슬라이드에 대한 노트를 표시합니다.

⑪ **텍스트 확대** : 슬라이드 노트의 텍스트 크기를 크게 합니다.

⑫ **텍스트 축소** : 슬라이드 노트의 텍스트 크기를 작게 합니다.

⑬ **현재 슬라이드** : 현재 녹화되고 있는 슬라이드를 표시합니다.

⑭ **이전** : 이전 슬라이드로 돌아갑니다.

⑮ **슬라이드 번호** : 전체 슬라이드 중에 현재 슬라이드가 몇 번째 슬라이드인지 보여줍니다.

⑯ **다음** : 다음 슬라이드로 넘어갑니다.

⑰ **레이저 포인터** : 녹음/녹화 중인 슬라이드에 레이저 포인터를 사용할 수 있습니다.

⑱ **지우개** : 펜 및 형광펜 표시를 지워줍니다.

⑲ **펜** : 녹음/녹화 중인 슬라이드에 펜을 사용하여 주석을 표시할 수 있습니다.

⑳ **형광펜** : 녹음/녹화 중인 슬라이드에 형광펜을 사용하여 내용을 강조할 수 있습니다.

㉑ **펜 및 형광펜 색상** : 펜과 형광펜의 색상을 선택합니다.

㉒ **카메라 모드 선택** : 배경을 표시하거나 녹화하는 동안 주변을 흐리게 만드는 효과를 적용할 수 있습니다.

㉓ **보기 선택** : [텔레프롬프터], [발표자 보기], [슬라이드 보기]를 선택할 수 있습니다. [텔레프롬프터]는 현재 슬라이드 위쪽에 슬라이드 노트를 표시하여 녹화된 영상에서는 청중과 시선을 마주하도록 연출할 수 있습니다. [발표자 보기]는 슬라이드 노트를 현재 슬라이드 오른쪽에 표시하고 작은 화면에 다음 슬라이드나 애니메이션을 표시합니다.

▲ 텔레프롬프터

▲ 발표자 보기

▲ 슬라이드 보기

개체에 적절한
애니메이션 적용하기

2010 \ 2013 \ 2016 \ 2019 \ 2021

실습 파일 7장 \ 개체에 적절한 애니메이션 적용하기.pptx
완성 파일 7장 \ 개체에 적절한 애니메이션 적용하기_완성.pptx

⊕ 예제 설명 및 완성 화면

프레젠테이션을 진행할 때 애니메이션을 적절하게 사용하면 청중을 집중시키고 발표의 흐름을 원하는
대로 이끌어갈 수 있습니다. 슬라이드 내용에 맞는 적절한 애니메이션을 적용하는 것이 중요합니다. 프
레젠테이션에 가장 많이 쓰이는 애니메이션 효과를 적용해보겠습니다.

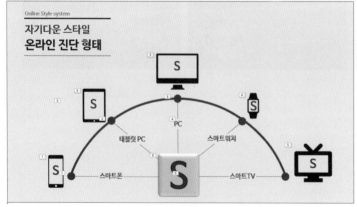

01 선택 창 열기

[홈] 탭-[편집] 그룹-[선택⬚]을 클릭하고 [선택 창]을 클릭합니다. 화면 오른쪽에 [선택] 작업 창이 나타납니다.

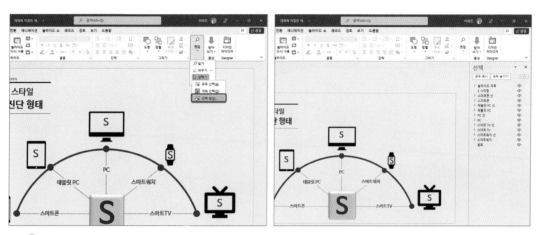

바로통하는TIP 파워포인트 창의 너비가 좁으면 [편집] 그룹이 별도의 아이콘 메뉴로 표시됩니다.

02 애니메이션 창 열기

[애니메이션] 탭-[고급 애니메이션] 그룹-[애니메이션 창⬚]을 클릭합니다. 화면 오른쪽에 [애니메이션 창] 작업 창이 나타납니다.

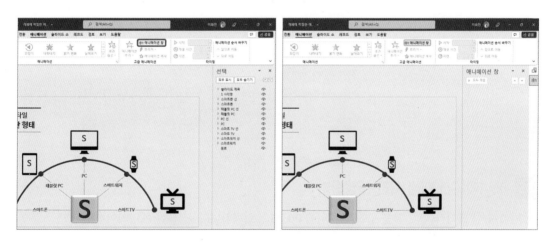

03 도형에 애니메이션 적용하기

[선택] 작업 창에서 [S사각형]을 클릭합니다. [애니메이션] 탭-[애니메이션] 그룹-[자세히▾]를 클릭하고 애니메이션 목록에서 [나타내기]-[확대/축소]를 클릭합니다. [애니메이션] 탭-[고급 애니메이션] 그룹-[애니메이션 창▥]을 클릭해 [애니메이션 창] 작업 창을 열어 도형에 적용한 애니메이션을 확인합니다.

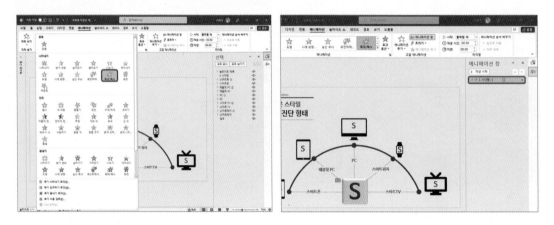

04 애니메이션 시작 시점 선택하기

[애니메이션] 탭-[타이밍] 그룹-[시작▾]을 클릭하고 [이전 효과 다음에]를 클릭합니다. 도형에 추가한 애니메이션이 이전 애니메이션 실행 후 자동으로 실행됩니다.

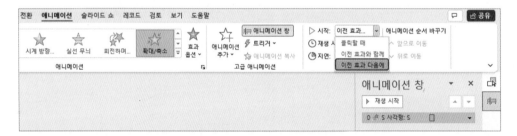

05 애니메이션 재생 시간 설정하기

[애니메이션] 탭-[타이밍] 그룹-[재생 시간]에 **00.75**를 입력합니다. 적용한 애니메이션이 0.75초 동안 동작합니다.

07 애니메이션 효과 지정하기

앞서 실습한 내용과 같은 방식으로 나머지 개체에도 다음과 같이 애니메이션 효과를 지정합니다.

순서	개체 이름	애니메이션 종류	효과 옵션	시작 방법	재생 시간
0	S 사각형	[나타내기]ㅡ[확대/축소]	개체 센터	이전 효과 다음에	00.75
	원호	[나타내기]ㅡ[올라오기]	서서히 위로	이전 효과와 함께	00.75
1	스마트폰 선	[나타내기]ㅡ[닦아내기]	오른쪽에서	클릭할 때	00.50
	스마트폰	[나타내기]ㅡ[밝기 변화]		이전 효과 다음에	00.50
	스마트폰	[강조]ㅡ[펄스]		이전 효과 다음에	00.50
2	태블릿PC 선	[나타내기]ㅡ[닦아내기]	아래에서	클릭할 때	00.50
	태블릿PC	[나타내기]ㅡ[밝기 변화]		이전 효과 다음에	00.50
	태블릿PC	[강조]ㅡ[펄스]		이전 효과 다음에	00.50
3	PC 선	[나타내기]ㅡ[닦아내기]	아래에서	클릭할 때	00.50
	PC	[나타내기]ㅡ[밝기 변화]		이전 효과 다음에	00.50
	PC	[강조]ㅡ[펄스]		이전 효과 다음에	00.50
4	스마트워치 선	[나타내기]ㅡ[닦아내기]	아래에서	클릭할 때	00.50
	스마트워치	[나타내기]ㅡ[밝기 변화]		이전 효과 다음에	00.50
	스마트워치	[강조]ㅡ[펄스]		이전 효과 다음에	00.50
5	스마트 TV 선	[나타내기]ㅡ[닦아내기]	아래에서	클릭할 때	00.50
	스마트 TV	[나타내기]ㅡ[밝기 변화]		이전 효과 다음에	00.50
	스마트 TV	[강조]ㅡ[펄스]		이전 효과 다음에	00.50

바로 통 하는TIP 같은 개체에 애니메이션을 추가할 때는 [애니메이션] 탭ㅡ[고급 애니메이션] 그룹ㅡ[애니메이션 추가⭐]를 클릭하여 적용합니다.

08 슬라이드 쇼에서 애니메이션 재생하기

애니메이션 적용을 완료하고 F5를 눌러 슬라이드 쇼를 실행합니다. 화면을 클릭하거나 Enter를 눌러 애니메이션이 차례대로 적용되었는지 확인합니다.

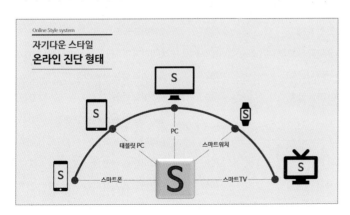

찾아보기

한빛미디어 보고서 시리즈로
업무 스킬을 업그레이드하라!

최적화된 보고서 작성법을 익히는 가장 빠른 지름길!
수많은 독자가 검증한 전문가의 보고서 작성 솔루션과 실무 노하우가 알차게 수록되어 있습니다.
사랑받는 한빛미디어 보고서 시리즈로 차별화된 업무 능력을 쌓아보세요.

18년 차 전문 컨설턴트가 알려주는
가독성 높은 보고서를 빠르게 작성하는 노하우
실전 보고서 작성 기술
with 파워포인트, 워드, 한글

18,000원 | 2020년 12월 28일 | 304쪽

❶ '속도의 기술'을 배워 보고서 작성 시간을 단축할 수 있다!
❷ '편집의 기술'로 가독성 높은 보고서를 작성할 수 있다!
❸ '구성의 기술'로 보고서를 탄탄하게 구조화할 수 있다!

보고서 작성 속도를 향상할 수 있는 기술, 글꼴, 장평, 자간의 기준, 가독성 높은 표, 도해, 그래프 작성 요령, 문장 및 개요 스타일 작성 방법 등 저자의 실전 보고서 작성 노하우를 학습한다. 전문 컨설턴트인 저자의 친절한 설명과 함께 책에 수록된 다양한 보고서 사례를 자신의 보고서에 적용하는 방법을 익힐 수 있다.

18년 차 전문 컨설턴트가
2100개 보고서에서 찾은 보고서 작성의 기술
보고서 작성 실무 강의

18,000원 | 2021년 11월 8일 | 400쪽

❶ 64가지 보고서 비법을 보고서 작성의 기술로 배운다!
❷ 250여 개의 보고서 사례 예시로 알아본다!
❸ 보고서 다이어그램으로 어려운 개념도 쉽게 이해한다!

보고서 작성에 필요한 제목, 문장, 내용 구성, 기획, 그리고 논리적인 보고서 작성 패턴을 순서대로 학습하면서 다양한 사례를 통해 저자의 실전 보고서 작성 노하우를 익힐 수 있다. 책에 수록된 250여 개의 다양한 보고서를 읽고 어떤 상황에, 어떤 패턴을 활용해 내 보고서에 적용할지 학습한다.